Gesund essen bei Diabetes

GENUSS-REZEPTE FÜR TYP2-DIABETIKER

AUTOREN: DORIS FRITZSCHE, MARLISA SZWILLUS
FOTOS: STUDIO L'EVEQUE

Inhalt

DIABETES MELLITUS 4

Diabetes mellitus – Diagnose »zuckerkrank« 6

Diabetes im Griff – die Säulen der Behandlung
Ernährung und Bewegung
Schulung und Beratung 8

Diabetes mellitus – diese Fragen habe ich noch
Typische und untypische Symptome – Beschwerden erkennen und reagieren 10

Gewicht reduzieren – und wieder leichter leben
Im Alltag mehr bewegen und die Energiezufuhr senken 12

Kohlenhydrate – Durchblick bei KHE, BE und KE 14

Glykämischer Index & glykämische Last
Noch ein Index, und noch einer 16

Ernährung im Alltag – unbeschwert genießen
Diabetikergerecht essen ist in der Praxis ganz einfach 18

Essen und Trinken – gut versorgt durch den Tag
Vom Start in den Tag über das Essen in Kantine und Restaurant bis zur wichtigen Spätmahlzeit 20

REZEPTE FÜR DIABETIKER 22

Frühstück, Snacks & Drinks

Müsli mit frischen Früchten 24

Zitrusfrüchte-Müsli, Frischkorn-Müsli 26

Apfel-Kokos-Porridge, Herzhaftes Hirsemüsli 27

Brötchen mit Basilikum-Tofu
Corned Beef-Brot 28

Käse-Aprikosen-Brot, Apfel-Quark-Brot 29

Kichererbsencreme mit Sesam 30

Auberginencreme mit Paprika
Oliven-Ajvar-Aufstrich 31

Zucchini-Kräuter-Rührei, Käse-Gemüse-Snack 32

Harzer-Burger,
Paprika-Schiffchen mit Tsatsiki 33

Schinkenbrötchen und Rettich-Rohkost
Matjes-Tatar auf Vollkornbrot 34

Indischer Joghurt-Shake, Gemüse-Drink 36

Pfirsiche im Glas, Vanille-Ingwer-Tee 37

Kleine Gerichte

Bohnensalat mit Thunfisch 38

Chicorée-Trauben-Salat mit Käsesauce
Lauwarmer Wirsingsalat 40

Kichererbsen-Salat mit Kräuterdressing
Couscous-Salat 42

Orientalischer Möhrensalat 44

Gemüsesalat mit Joghurt
Orangensalat mit Zwiebeln 45

Rote Linsensuppe mit Petersilienöl
Gersten-Gemüse-Suppe 46

Topinambursuppe
Französische Zwiebelsuppe 48

Asia-Gemüsesuppe, Schnelle Tomatensuppe 50

Gebratener Radicchio, Brokkoli mit Nüssen 52
Mediterranes Gemüse
Blumenkohl mit Kräuter-Curry-Sauce 54
Fenchel und Tomaten mit Parmesan
Blattspinat in Sesamsauce 56
Überbackene Aubergine
Kohlrabi-Kartoffel-Gratin 58
Käse-Zucchini-Päckchen, Pikante Bratäpfel 60

Vegetarische Hauptgerichte

Gemüsereis mit wachsweichen Eiern 62
Spinatknödelchen mit Tomatensauce
Hirse mit Ratatouille-Gemüse 64
Spitzkohlrouladen mit Bulgurfüllung 66
Spaghetti mit Kürbiskern-Kräuter-Pesto
Cannelloni mit Spinatfüllung 68
Pizza mit Artischocken 70
Wokgemüse mit Glasnudeln
Gebratenes Gemüse mit Sabayon 72
Kohlrabi-Quiche 74
Linsen-Reis mit Gemüse 76

Hauptgerichte mit Fisch

Makrelen aus der Folie 78
Heilbutt mit gerösteten Pilzen
Kabeljau mit Lauch und Tomaten 80
Zander in Sesamkruste 82
Rotbarsch mit Oliven-Kapern-Sauce
Fischspieße mit Zitronensauce 84
Schellfisch-Ragout 86
Paprika-Graupen mit Garnelen
Seelachsfilet mit Gemüse-Kräuter-Kruste 88
Lachs auf Waldorf-Gemüse 90
Barsch-Gemüse-Pfanne, Fisch-Ossobuco 92

Hauptgerichte mit Geflügel

Kreolischer Hähnchentopf 94
Gefüllte Putenröllchen
Puten-Geschnetzeltes mit Curry 96
Hähnchenbrust mit Ananas
Entenbrust mit Brokkoli und Nüssen 98
Zitronen-Hähnchen
Putenkeule aus dem Tontopf 100

Hauptgerichte mit Fleisch

Lasagne mit Gemüse und Hackfleisch 102
Frikadellen mit Ofengemüse 104
Auberginen-Pasta mit Schinken
Rehmedaillons mit Kräuterkruste 106
Würziger Lammpilaw 108

Desserts und Gebackenes

Pfannkuchen mit Zwetschgenkompott 110
Rote Grütze mit Joghurtsauce
Marinierte Pfirsiche unter der Quarkhaube 112
Kirsch-Pumpernickel-Becher
Pochierte Schoko-Birnen 114
Orientalische Orangen, Erdbeer-Tofu-Eis 116
Himbeergelee mit Kokos-Sahne
Joghurt-Orangen-Muffins 118
Quarkhörnchen mit Mohn 120
Gebackene Äpfel mit Zimt-Streuseln
Käsekuchen mit Aprikosen 122

ZUM NACHSCHLAGEN

Gut zu wissen 124
Register 125
Impressum 128

Diabetes mellitus – wenn das Insulin nicht wirkt

Sechs Prozent aller Deutschen leben mit der Diagnose Diabetes – meist Diabetes Typ 2. Die Tendenz ist steigend. Und: Die Patienten werden immer jünger.

Wurde der Diabetes bei Ihnen gerade erst entdeckt? Keine Panik, Sie sind kein Einzelfall. Es gibt immer mehr Menschen jeden Alters, die erhöhte Blutzuckerwerte aufweisen. Die effektivste Basisbehandlung, um dem Fortschreiten und möglichen Komplikationen entgegenzuwirken, ist eine dauerhafte Ernährungsumstellung. Dann lässt sich mit der Stoffwechselerkrankung Diabetes mellitus Typ 2 gut leben.

In diesem Buch finden Sie Antworten auf ganz viele wichtige Fragen, die Ihnen den Alltag und die Ernährungsumstellung erleichtern können. Dazu gibt es jede Menge Tipps und Tricks zur Lebensmittelauswahl beim Einkauf sowie neue Rezepte, die förmlich zum Genießen einladen.

Diabetes mellitus – Diagnose »zuckerkrank«

Bei Menschen mit Diabetes steigt der Blutzucker nach dem Essen stärkehaltiger und zuckerhaltiger Lebensmittel höher an, als bei Menschen mit einem gesunden Zuckerstoffwechsel. Wenn er einen Schwellenwert überschreitet, wird Zucker über die Nieren mit dem Urin ausgeschieden. Diese Zuckerausscheidung ist bei Blutzuckerwerten von mehr als 180 bis 200 Milligramm pro 100 Milliliter (10 bis 11,1 Millimol pro Liter) feststellbar. Ihr verdankt die Stoffwechselerkrankung auch den Namen: Diabetes mellitus ist griechisch und bedeutet »honigsüßer Durchfluss«.

Warum ist der Blutzucker erhöht?

Grund für die Blutzuckererhöhung kann ein Insulinmangel oder eine herabgesetzte Insulinwirkung sein. Insulin ist ein Hormon der Bauchspeicheldrüse und übernimmt eine der wichtigsten Aufgaben im Zuckerstoffwechsel: Insulin »öffnet« die Körperzellen, damit der Zucker aus dem Blut in die Zellen gelangen kann und dort für die Energiegewinnung zur Verfügung steht. Fehlt dieses Hormon oder ist seine Wirkung beeinträchtigt, führt dies gleich zu zwei entscheidenden Problemen: Die Energieversorgung der Zellen ist nicht optimal, und der Zuckergehalt im Blut steigt über die Maßen an. Man spricht dann auch von einer Glukose-Intoleranz. Die Erhöhung des Blutzuckers ist schleichend und bleibt häufig lange Zeit unentdeckt.

➤ Typische Symptome

Diabetes Typ 2 bleibt oft lange unentdeckt, denn die ersten Anzeichen dauerhaft erhöhter Blutzuckerwerte sind meist unspezifisch. Sie werden nicht sofort mit der »Zuckerkrankheit« in Verbindung gebracht. Typische Symptome sind Müdigkeit und Abgeschlagenheit, starker Durst und der Drang zu häufigem Wasserlassen.

Bei guter Blutzuckerbehandlung verschwinden diese Symptome wieder. Bleiben sie jedoch unbehandelt, führen über längere Zeit erhöhte Blutzuckerwerte zu Komplikationen, die vor allem das Gefäß- und Nervensystem betreffen.

Typ 1 oder Typ 2?

Steigt der Blutzucker auf extreme Werte an, so kann diese Stoffwechsellage zu einer tiefen Bewusstlosigkeit, dem diabetischen Koma, führen. Von dieser ernsten Gefahr sind nur Diabetiker bedroht, die keinerlei eigene Insulinproduktion haben. Ihre Bauchspeicheldrüse kann gar kein Insulin produzieren, deshalb werden Typ 1-Diabetiker auch grundsätzlich mit Insulin behandelt. Bei Typ 2-Diabetikern bildet die Bauchspeicheldrüse ausreichend Insulin – zumindest im Anfangsstadium der Erkrankung. Auf Grund der Insulinresistenz der Zellen kann das gebildete Insulin jedoch nur unzureichend wirken und der Blutzucker steigt.

Wie wird Diabetes Typ 2 behandelt?

Die Mehrzahl der Menschen mit dem Diabetes Typ 2 hat Übergewicht, was die bestehende Insulinresistenz verstärkt und zu einer weiteren Verschlechterung der Insulinwirkung führt. Aus diesem Grund ist die Basis der Behandlung des Diabetes Typ 2 immer zuerst die Reduzierung des Körpergewichts (siehe Seite 8 und 12).
Eine generelle Umstellung der Ernährungsgewohnheiten und eine moderate Steigerung der körperlichen Aktivitäten sind daher die bevorzugten Maßnahmen, die Insulinwirkung zu verbessern und dadurch die erhöhten Blutzuckerwerte in den Griff zu bekommen.

Die Änderung des Lebensstils

Die Diagnose »Diabetes« kann ein Anstoß sein, durch eine aktivere Lebensweise und eine bewusste Ernährung das eigene Wohlbefinden zu steigern. Gesunde Gerichte fördern die Lebensqualität durch eine maximale Versorgung mit Vitaminen und Mineralstoffen, Ballaststoffen und bioaktiven Pflanzenstoffen.
Dies spiegelt sich auch in schöner Haut, gesunden Nägeln, glänzenden Haaren und nicht zuletzt in guter Laune wieder. Diabetesgerecht zu essen, bedeutet nicht Verzicht oder langweilige Diäten, sondern farbenfrohes, abwechslungsreiches und leckeres Gute-Laune-Essen.
Wer sich darüber hinaus ausreichend bewegt, stärkt die Muskulatur und das Immunsystem, trainiert das Herz-Kreislaufsystem und fördert den gesunden Stressabbau. Körperliche Aktivitäten helfen auch beim Abnehmen und Gewicht halten. Anregungen zu diesem Thema finden Sie auf Seite 8. Denn häufig genügt es schon, sich etwas bewusster im Alltag zu bewegen. Warum nicht einfach Treppensteigen anstatt den Lift zu benutzen und nicht die nächste, sondern erst die übernächste Straßenbahnhaltestelle »anzusteuern«?

Wann muss Diabetes Typ 2 mit Medikamenten behandelt werden?

Eine Behandlung mit Medikamenten wird bei Diabetes Typ 2 dann sinnvoll, wenn die Änderung des Lebensstils nicht ausreicht, um die Blutzuckerwerte zu normalisieren. Besprechen Sie mit Ihrem behandelnden Arzt, wann Medikamente zur Unterstützung der Ernährungs- und Bewegungsbehandlung notwendig sind.

➤ Kleines Diabetes-Lexikon

Blutzucker: Menge an Zucker (Glukose) im Blut. Normwerte sind 60 bis 140 Milligramm pro 100 Milliliter (3,3 bis 7,8 Millimol pro Liter)
Diabetes mellitus: griech.: »honigsüßer Durchfluss«
Diabetes Typ 1 = insulinabhängiger Diabetes mellitus
Diabetes Typ 2 = nicht insulinabhängiger Diabetes mellitus
Glukose-Intoleranz: Die aus Zucker oder Stärke gebildete Glukose kann nicht wie vorgesehen in die Zellen eingeschleust werden. Dies bewirkt einen Blutzuckeranstieg über die Norm.
Insulin: Hormon der Bauchspeicheldrüse. Sorgt für den Einstrom von Blutzucker in die Zellen. Für die Behandlung von Diabetes stehen verschiedene Insuline zur Verfügung.
Insulinresistenz: »Widerstand« der Körperzellen gegen Insulin. Wird bei Diabetes Typ 2 durch Übergewicht und Bewegungsmangel verstärkt.
Urinzucker: Zucker, der mit dem Urin ausgeschieden wird, weil der Blutzucker so hoch ist, dass die Nieren den Zucker nicht mehr zurückhalten können.

Diabetes im Griff – die Säulen der Behandlung

Das Wichtigste in der Diabetesbehandlung ist, höchste Lebensqualität zu gewährleisten. Dazu gehört eine individuelle Einstellung der Blutzuckerwerte, um akute und chronische Gesundheitskomplikationen durch Diabetes zu vermeiden. Damit Sie dieses Ziel auch sicher erreichen, beruht eine erfolgreiche Diabetestherapie immer auf mehreren Säulen.

➤ Die 6 Säulen

- Ernährung
- Bewegung
- Schulung und Beratung
- Selbstkontrollen
- ärztliche Kontrollen
- Medikamente

Ernährung und Bewegung

Durch die Ernährungsumstellung sollte das Körpergewicht dauerhaft normalisiert und die Bauchspeicheldrüse entlastet werden. Sie können dieses Ziel Schritt für Schritt erreichen, indem Sie den Speiseplan abwechslungsreich gestalten, die Kohlenhydratzufuhr gleichmäßig über den Tag verteilen (siehe Seite 15) und Lebensmittel mit niedriger glykämischer Last bevorzugen (siehe Seite 16). Reduzieren Sie darüber hinaus auch Ihre Fettzufuhr und achten Sie auf eine gute Fettqualität. Bevorzugen Sie hochwertige Pflanzenöle (z.B. Rapsöl, Olivenöl). Auf diese Weise können Sie auch die Blutfette positiv beeinflussen. Es liegt in Ihrer Hand dadurch perfekte Grundlagen für Ihre Gesundheit und Ihren Stoffwechsel zu schaffen.
Neben der Ernährungsumstellung sind körperliche Aktivitäten die effektivste Unterstützung.

Schulung und Beratung

Ein Ratgeber kann die individuelle Beratung durch einen Arzt und Ernährungsberater nicht ersetzen. In vielen Arztpraxen, Diabetes-Schwerpunktpraxen, Diabeteszentren und Ernährungsberatungs-Praxen werden spezielle Schulungen und Beratungen für Diabetiker angeboten. Ihre Schulung wird dort individuell und auf die notwendige Medikamentenbehandlung abgestimmt erfolgen. Viele Fragen können besprochen werden, und Sie erhalten hilfreiche Tipps für das Leben mit Diabetes.

Ärztliche Kontrollen

Gehen Sie regelmäßig zu den empfohlenen ärztlichen Kontrolluntersuchungen. Mögliche Komplikationen können so schon früh erkannt und schnell behandelt werden. Nehmen Sie die Terminvereinbarung selbst in die Hand. Für die Beantwortung der Frage nach der Häufigkeit der Untersuchungen hilft der »Gesundheitspass Diabetes«, von der Deutschen Diabetes-Gesellschaft (Verlag Kirchheim, Mainz). Diesen Pass erhalten Sie in vielen Arztpraxen, in Apotheken und bei Diabetikerschulungen.

Medikamente

Lassen sich die Blutzuckerwerte allein durch Ernährung und Bewegung nicht zufrieden stellend senken, kann vorübergehend oder dauerhaft die Einnahme von Medikamenten notwendig sein. Medikamente sind dabei allerdings nicht als ein Ersatz für die Basisbehandlung zu verstehen. Sie dienen nur der Unterstützung.
Für die Behandlung des Diabetes Typ 2 gibt es verschiedene Wirksubstanzen in Tablettenform mit unterschiedlichem Einfluss auf den Stoffwechsel. Zunehmend wird auch bei Diabetes Typ 2 schon in frühen Stadien Insulin eingesetzt. Zum Beispiel, wenn die körpereigene Insulinbildung für den Insulinbedarf zwischen den Hauptmahlzeiten noch ausreicht, der Körper aber zu den Hauptmahlzeiten nicht mehr genug eigenes Insulin bereitstellen kann.

Unterzuckerungen erkennen und beheben

Ein Absinken des Blutzuckers unter 80 Milligramm pro 100 Milliliter (4,4 Millimol pro Liter) bezeichnet man als Unterzucker oder Hypoglykämie. Zur Gegenregulation setzt der Körper Hormone (Glukagon, Adrenalin und andere) frei, die den Blutzucker anheben können. Die Unterzuckerungsanzeichen sind individuell verschieden und hängen oft davon ab, wie schnell der Blutzucker sinkt. Wichtig ist, die Symptome einer Unterzuckerung zu kennen und bei ersten Anzeichen sofort zu handeln.
Zu typischen Anzeichen bei einem raschen Absinken des Blutzuckers, gehören beispielsweise Heißhunger, kalter Schweiß, auffallende Blässe, Zittern, Herzklopfen oder Angstgefühle.
Bei langsamer Blutzuckersenkung sind die Anzeichen oft nicht so deutlich. Typisch sind leichte Kopfschmerzen, Sehstörungen (Doppelbilder), Schwierigkeiten mit gewohnten Handlungsabläufen und eine unerklärliche Gereiztheit bis hin zur Aggressivität.

Informieren Sie Ihre Angehörigen, Freunde und Kollegen über typische Anzeichen, die andere bei Ihnen bemerken können. Und bitten Sie sie, in diesem Fall zu helfen. Es ist wichtig, sofort zu handeln, um schwere Unterzuckerungen mit Bewusstlosigkeit zu vermeiden.
So behandeln Sie Unterzuckerungen: Setzen oder legen Sie sich hin. Nehmen Sie 4 Täfelchen Traubenzucker oder 200 Milliliter zuckerhaltiges Getränk (Saft, Brause oder ähnliches) zu sich. Kontrollieren Sie, wenn möglich den Blutzucker. Stehen Sie erst wieder auf, wenn Sie sich wieder gut und sicher fühlen und der Blutzucker deutlich über 80 Milligramm pro 100 Milliliter (4,4 Millimol pro Liter) liegt.

➤ Ursachen für Unterzucker

Durch Medikamente, die die körpereigene Insulinproduktion erhöhen, sowie bei der Behandlung mit Insulin kann es in manchen Fällen zu Unterzucker kommen. Mögliche Ursachen für dessen Auftreten:
- Es wurde versehentlich mehr Insulin gespritzt.
- Der Abstand zwischen Medikamenteneinnahme beziehungsweise Insulingabe und Mahlzeitenaufnahme war zu lang.
- Die Kohlenhydratmenge der Mahlzeit war zu gering.
- Durch zusätzliche Aktivitäten wurden zuvor mehr Kohlenhydrate verbraucht.
- Durch Gewichtsreduktion ist die Insulinwirkung verbessert.
- Größere Mengen Alkohol hemmen die körpereigene Bildung von Glukose.

Berichten Sie Ihrem Arzt, wenn Unterzuckerungen auftreten, besonders wenn diese wiederholt und zu gleichen Tageszeiten auftreten. Häufig ist dann eine Anpassung der Medikamentenbehandlung nötig.

Diabetes mellitus – diese Fragen habe ich noch

Warum steigt die Zahl der Diabetiker Typ 2 stetig an?

Bei der Frage nach den Ursachen dreht sich alles immer wieder um zwei wichtige Faktoren, das Bewegungs- und das Ernährungsverhalten. Das verführerisch große Lebensmittelangebot, das in Mitteleuropa zur Verfügung steht, verleitet zum Konsum. Weil parallel die körperliche Aktivität im Alltag deutlich zurückgeht, entwickeln immer mehr Menschen Übergewicht – ein bedeutender Risikofaktor.

Sind auch junge Menschen vom so genannten »Alterszucker« betroffen?

Man spricht bei Diabetes schon gar nicht mehr von »Alterszucker«, weil in den letzten Jahren die Menschen, bei denen Diabetes Typ 2 festgestellt wird, immer jünger werden. Ursache ist auch bei Kindern und Jugendlichen, dass sie zunehmend übergewichtig sind. Den traurigen »Rekord« hält derzeit ein deutsches Kindergartenkind – es ist 5 Jahre alt.

Warum habe ich einen Diabetes Typ 2 entwickelt?

Die Insulinresistenz ist genetisch veranlagt. Ob sich aus der Insulinresistenz ein Diabetes entwickelt, hängt von weiteren Faktoren ab. Allen voran Übergewicht und Bewegungsmangel. Darin liegt aber umgekehrt auch die Chance, Diabetes Typ 2 durch gesteigerte körperliche Aktivitäten und eine bewusstere Ernährung erfolgreich behandeln zu können.

Kann ich das Risiko für Diabetes Typ 2 frühzeitig erkennen?

Für das Risiko, an Diabetes Typ 2 zu erkranken, gibt es wichtige Hinweise:
Hatten die Eltern oder Großeltern bereits Diabetes? Treten schon eine oder mehrere der typischen Begleiterkrankungen wie Übergewicht, Bluthochdruck oder Störungen des Fettstoffwechsels auf? Je mehr dieser Risikofaktoren zusammen kommen, desto höher ist das Risiko an Diabetes zu erkranken.

Kann ich testen lassen, ob eine genetische Veranlagung besteht, Diabetes Typ 2 zu entwickeln?

Relativ frühzeitig kann der Glukosetoleranztest Aufschluss geben. Dieser zeigt an, ob die Zufuhr einer definierten Menge Traubenzucker zu einem Blutzuckeranstieg führt, der von der Norm abweicht. Am häufigsten wird der orale Glukosetoleranztest (oGTT) durchgeführt. Der Test erübrigt sich, wenn schon die Nüchternblutzuckerwerte von der Norm abweichen.

Wann gilt die Glukosetoleranz als »gestört«?

Von einer gestörten Glukosetoleranz kann man ausgehen, wenn der Blutzucker zwei Stunden nach Testbeginn noch über 140 Milligramm pro 100 Milliliter (7,8 Millimol pro Liter) liegt. Blutzuckerwerte über 200 Milligramm pro 100 Milliliter (11,1 Millimol pro Liter) deuten auf das Vorliegen eines Diabetes mellitus hin.

Wie wirken sich hohe Blutzuckerwerte im Alltag aus?

Wenn der Zucker zur Energiegewinnung in den Zellen fehlt, können Müdigkeit, Abgeschlagenheit, Hautveränderungen, Sehstörungen und schlechte Wundheilung das Allgemeinbefinden erheblich beeinträchtigen. Wenn Sie auch nachts vermehrt Wasser lassen müssen, kann dies Schlafstörungen und Erschöpfungszustände mit Konzentrationsschwäche bis hin zu depressiven Verstimmungen nach sich ziehen.

Können erhöhte Blutzuckerwerte langfristig zu ernsthaften Gesundheitsstörungen führen?

Ein chronisch erhöhter Blutzucker schädigt das System der großen und kleinen Blutgefäße. Typische Komplikationen sind Veränderungen an den Gefäßen des Augenhintergrundes, an den Nieren und an den Arterienwänden. Auch das Nervensystem wird dadurch in Mitleidenschaft gezogen. Dies führt zu Neuropathien mit Empfindungsstörungen.

Bleibt Diabetes Typ 2 ein Leben lang bestehen?

Die Insulinresistenz bleibt ein Leben lang bestehen. Durch Gewichtsnormalisierung und eine dauerhafte Veränderung des Bewegungs- und Ernährungsverhaltens können Sie jedoch erreichen, dass die Insulinresistenz nicht zu erhöhten Blutzuckerwerten führt. Beraten Sie sich mit Ihrem Arzt, ob unterstützend Medikamente eingesetzt werden sollten.

Gewicht reduzieren –

und wieder leichter leben

Diabetes Typ 2 ist in vielen Fällen noch mit einer oder mehreren anderen Stoffwechselerkrankungen assoziiert. Dazu gehören Übergewicht, Bluthochdruck, erhöhte Blutfette und erniedrigtes HDL-Cholesterin. Das gemeinsame Auftreten dieser Stoffwechselstörungen bezeichnet man als »Metabolisches Syndrom«. Wichtigste Maßnahme gegen diese Risikofaktoren ist eine Gewichtsreduktion.

Effektiv dauerhaft abnehmen

Um Körpergewicht zu reduzieren, muss die Energiebilanz negativ sein. Das bedeutet, dass die Energiezufuhr niedriger sein muss als der tägliche Energieverbrauch. Um dies tatsächlich zu erreichen, bieten sich gleich zwei Ansätze an: Zum einen können Sie Ihren Energieumsatz steigern, indem Sie sich täglich mehr bewegen und dadurch die körperliche Aktivität erhöhen. Zum anderen können Sie Ihre Energieaufnahme einschränken. Die besten Erfolge erzielen Sie, wenn Sie beide Maßnahmen kombinieren.

Im Alltag mehr bewegen

Um Ihren Energieumsatz zu steigern, müssen Sie keine Höchstleistungen erbringen. Es genügt, wenn Sie sich regelmäßig bewegen. Ideal ist, wenn Sie zusätzlich zwei- bis dreimal pro Woche eine halbe Stunde bis eine Stunde schwimmen, walken oder radfahren. Diese Ausdauersportarten sind besonders gut geeignet, weil sie die Gelenke schonen.

➤ Kalorienumsatz bei körperlichen Aktivitäten je 15 Minuten

Tanzen	50 kcal
Walking	80 kcal
Gehen	80 kcal
Golf spielen	85 kcal
Radfahren (15 km/h)	100 kcal
Brustschwimmen	160 kcal
Laufen (11 km/h)	190 kcal

Energiezufuhr senken – aber richtig!

Wenn Sie vorhaben weniger zu essen, um abzunehmen, sollten Sie nie den radikalen Weg wählen und von allen Mahlzeiten nur noch »halbe Portionen« essen. Dabei laufen Sie Gefahr, nicht genug Kohlenhydrate aufzunehmen, um den Blutzucker konstant zu halten.
Außerdem sinkt bei der »FdH«-Methode auch die Aufnahme von Vitaminen, Mineralstoffen und anderen wichtigen Nährstoffen. Der Körper benötigt diese dringend in ausgewogenem Verhältnis, weil er sie nicht selbst bilden kann. Diese Mangelversorgung und der damit verbundene Stress für den Stoffwechsel kann sogar verzögern, dass Körperfett abgebaut wird!
Eine Reduktion der Energiezufuhr fällt Ihnen auf Dauer nur dann leicht, wenn Sie sich dabei satt essen können und es Ihnen schmeckt. Auf diese Weise können Sie effektiv abnehmen und

sich vor dem gefürchteten Jojo-Effekt schützen. Das empfehlenswerte »Diät«-Prinzip ist eher unspektakulär, aber sehr wirkungsvoll: Beachten Sie die wichtigsten Regeln einer ausgewogenen Ernährung (unten) und die Empfehlungen der Pyramide (hintere Buchklappe). Diese Ernährung hat auch einen günstigen Einfluss auf die Blutfette und den Harnsäuregehalt.
Die größte Portion der Mahlzeiten sollten ausreichende Mengen fettarmer pflanzlicher Lebensmittel ausmachen – Getreideprodukte, Gemüse, Kartoffeln und Obst. Dazu gibt es kleinere Portionen tierischer Nahrungsmittel sowie wertvoller Öle. Besonders empfehlenswert sind Raps- und Olivenöl. Auf Süßigkeiten und alkoholische Getränke müssen Sie nicht ganz verzichten. Die dürfen Sie ab und zu in kleineren Mengen genießen.
Des Genusses wegen empfehlen wir Ihnen, die Lebensmittel vielseitig und abwechslungsreich auszuwählen und sie schmackhaft und vor allem auch nährstoffschonend zuzubereiten.

Die wichtigsten Tipps für eine ausgewogene Ernährung

- Trinken Sie viel, täglich 1,5 bis 3 Liter Wasser, Mineralwasser möglichst ohne Kohlensäure, ungesüßten Kräuter- oder Früchtetee.
- Essen Sie mehrmals am Tag Vollkornbrot oder Vollkornflocken.
- Für einen stabilen Blutzucker sollte die Mahlzeit ausreichende Portionen Kartoffeln, Reis, Nudeln oder andere Kohlenhydratträger enthalten.
- Verzehren Sie jeden Tag insgesamt fünf Portionen Gemüse und Obst.
- Bereichern Sie den Speiseplan durch fettarme Milchprodukte.
- Auch Schnittkäse darf als Brotbelag täglich auf dem Speiseplan stehen. Schränken Sie lieber den Wurstverzehr ein.
- Essen Sie mindestens einmal pro Woche Seefisch.
- Reduzieren Sie den Verzehr tierischer Fette.
- Fleisch, Geflügel oder Wurst am besten nur dreimal pro Woche essen.
- Verwenden Sie kleine Mengen hochwertiger Pflanzenöle (z.B. Rapsöl, Olivenöl oder Distelöl) mehrmals täglich für die Zubereitung von Gemüse und Salaten.
- Genießen Sie selten Extras wie Süßigkeiten, Eis, Kuchen oder alkoholische Getränke.

Kohlenhydrate – endlich Durchblick

bei KHE, BE und KE

Kohlenhydrate ist der Oberbegriff für Stärke, alle Zucker und sogar Ballaststoffe (siehe auch hintere Umschlagklappe). Dabei sind nur Stärke und Zucker verfügbare Kohlenhydrate, die den Blutzucker unmittelbar beeinflussen. Besonders Typ-2-Diabetikern wird empfohlen, diese Kohlenhydrate über den Tag in gleichmäßiger Verteilung aufzunehmen, um die Bauchspeicheldrüse zu entlasten. Für Kohlenhydrate gibt es verschiedene Umrechnungseinheiten, die Ihnen die Gestaltung der Mahlzeiten erleichtern können.

Kohlenhydrateinheiten und Broteinheiten

Kohlenhydrateinheiten (KHE/KE) und Broteinheiten (BE) sind die wohl bekanntesten Berechnungseinheiten für Diabetiker. Es gibt für sie eigene Umrechnungstabellen.
In diesen Tabellen wird angegeben, welche Menge eines kohlenhydrathaltigen Lebensmittels je 10–12 g verwertbare Kohlenhydrate enthält. Aber was sagt dieser Wert aus? Eine 1 KHE/BE entsprechende Kohlenhydratportion hebt den Blutzuckerspiegel um etwa 30–50 mg an. Entsprechend muss ausreichend Insulin bereit gestellt werden, um den Zucker in die Zellen einströmen zu lassen. Bei Diabetikern, die mit Insulin behandelt werden, sind die aufgenommenen Brot- beziehungsweise Kohlenhydrateinheiten ein wichtiges Kriterium für die Wahl der idealen Insulindosis.

➤ Einige Beispiele

1 KHE/BE ist enthalten in 1 Portion von:
15 g Getreide, Getreideflocken, Mehl
15 g Früchtemüsli ohne Zucker
15 g Reis (Rohgewicht)
15 g Nudeln (Rohgewicht)
25 g Brot, Brötchen
15 g Trockenobst
50 g Banane
70 g Weintrauben
80 g Ananas, Birne, Feige
80 g Nektarine, Süßkirschen
100 g Apfel, Mandarinen
110 g Grapefruit, Kiwi, Pfirsich
120 g Apfelsine, Wassermelone
180 g Erdbeeren
200 g rote Johannisbeeren
200 ml Milch
210 g Himbeeren
250 g Joghurt

Wenn Sie die Kohlenhydratzufuhr gleichmäßig über den Tag verteilen, wird die Bauchspeicheldrüse entlastet und die persönliche Leistungskurve bleibt stabil. Im nebenstehenden Schema finden Sie ein Beispiel, wie die Kohlenhydrat-Portionen über den Tag aufgenommen werden können. Mit Hilfe einer Austauschtabelle können Sie Kohlenhydratportionen gegeneinander austauschen und dafür sorgen, dass KHE/BE-Mengen gleich bleiben.

Kohlenhydrate sind nicht gleich Kohlenhydrate!

Die Angabe von KHE/BE kann auch nicht insulinpflichtigen Diabetikern helfen, den Kohlenhydratgehalt von Lebensmitteln schnell zu bewerten. Sie können die Einschätzung von Portionsgrößen und damit langfristig die ausreichende und gleichmäßige Kohlenhydratversorgung erleichtern.
Berücksichtigt werden nur Lebensmittel, die Stärke oder Zucker enthalten. Das sind alle Produkte der Gruppen Brot/Getreide/Beilagen, Süßwaren/Getränke, Obst sowie Milch/Sauermilchprodukte. Gemüse enthält nur geringe Stärke- und Zuckeranteile. Sie bleiben bis zu Mengen von 200 g pro Mahlzeit unberechnet.

Nur eine halbe Banane?

Aussagen zum Obstkonsum wie »Seit ich Diabetes habe, teile ich mir eine Banane immer mit meinem Partner. Denn mehr als eine halbe Banane darf ich nicht essen!« oder »Weintrauben esse ich gar nicht mehr – es sind ja nur 8 Stück erlaubt, da esse ich lieber einen Apfel.« fallen in fast jeder Diabetikerschulung. Der Grund für diese Annahme ist ein Missverständnis der bebilderten Kohlenhydrataustauschtabellen. Darin sind immer die Lebensmittelportionen abgebildet, die 1 KHE/BE entsprechen: Zum Beispiel 1/2 Banane oder 8 Weintrauben.
Das führt oft zur irrigen Annahme, dass dies der maximal »erlaubten« Menge entspricht. So kommt es oft auch zu einer ungesunden Einschränkung kohlenhydrathaltiger Lebensmittel – mit unangenehmen Auswirkungen: Hunger, schlechte Laune oder sogar eine Unterversorgung mit Vitaminen, Mineralstoffen, Ballaststoffen und bioaktiven Pflanzenstoffen können die Folge sein.
Häufig wird deshalb auch von Lebensmitteln genascht, die keine anrechnungspflichtigen Kohlenhydrate liefern wie Käse, Wurst und Schinken. Das wiederum steht einer angestrebten Gewichtsreduktion und einer Verbesserung des Stoffwechsels entgegen!

Konstanz zählt

Haben Sie Mut, Kohlenhydrate mit der Nahrung aufzunehmen! Erwachsene haben einen täglichen Kohlenhydratumsatz von 180 Gramm entsprechend 18 KHE/BE. Wenn Sie diese Kohlenhydrate nicht mit der Nahrung aufnehmen, muss Ihr Körper die Kohlenhydrate aus anderen Quellen gewinnen.

GLEICHMÄSSIGE KOHLENHYDRAT-ZUFUHR ÜBER DEN TAG – EIN BEISPIEL

Mahlzeit	KHE/BE-Portionen	Beispiel	KHE/BE
1. Frühstück	4 x Getreide	2 Scheiben Brot	4
2. Frühstück	1 x Obst 1 x Milchprodukt	1 KHE/BE Obst 250 g Joghurt	2
Mittags	5 x Beilagen	75 g Reis (Rohgewicht)	5
Nachmittags	1 x Obst	1 KHE/BE Obst	1
Abends	6 x Getreide	3 Scheiben Brot	6
Spätmahlzeit	1 x Obst 1 x Milchprodukt	1 KHE/BE Obst 250 g Joghurt	2

Glykämischer Index & glykämische Last

Noch ein Index, und noch einer

Der glykämische Index, häufig auch kurz als GI oder GLYX bezeichnet, bewertet kohlenhydrathaltige Lebensmittel nach ihrer Wirkung auf den Blutzucker. Dieser Einfluss auf den Blutzucker wird mit dem Einfluss von 50 g Traubenzucker (Glukose) verglichen. Glukose erhält als Bezugsgröße den Referenzwert 100. Die Unterteilung in hohen, mittleren und niedrigen glykämischen Index erfolgte willkürlich.
Die Werte zum glykämischen Index können allerdings nur der Orientierung dienen: Sie gelten immer nur für das Lebensmittel pur. Durch Kombinationen mit anderen Lebensmitteln kann sein Einfluss auf den Blutzucker schon viel geringere Auswirkungen haben. Zudem weist der glykämische Index starke individuelle Schwankungen auf!

Von einem hohen glykämischen Index spricht man bei Werten zwischen 70 und 100. In diese Gruppe fallen z.B. Traubenzucker (100), Corn-flakes (84)und Honig (73). Einen mittleren glykämischen Index im Bereich von 55 bis 70 weisen unter anderem Vollkornbrot (69), Haushaltszucker (65), Orangensaft (57) und auch Popcorn (55) auf. Trauben (52) und Bananen (52) sind relativ zuckerreiche Früchte und liegen an der oberen Grenze des niedrigen glykämischen Index.
Allen Lebensmitteln mit einem Wert unter 55 wird ein niedriger glykämischer Index zugewiesen. Hülsenfrüchte (27-33), Magermilch (32) und Fruchtzucker (23) weisen zum Beispiel nur niedrige glykämische Werte auf. Gemüse hat sowieso fast keinen Einfluss auf den Blutzuckerspiegel.

Die Menge macht's

Viele Lebensmittel, die einen niedrigen glykämischen Index aufweisen, sind vollwertig und bieten eine hohe Nährstoffdichte, das heißt, sie sind zusätzlich reich an Ballaststoffen, Vitaminen, Mineralstoffen und anderen gesundheitsfördernden Inhaltsstoffen. Es scheint also, als sei es in jedem Fall sinnvoll, viele kohlen-hydrathaltige Lebensmittel mit niedrigem gly-kämischen Index auf den Tagesplan zu setzen. Doch Sie sollten trotzdem immer die verzehrte Menge im Augen behalten: Je mehr von einem Lebensmittel mit niedrigem glykämischen Index verzehrt wird, desto stärker steigt auch der Blutzucker an. Wenn Sie hingegen von einem Lebensmittel mit hohem glykämischen Index nur wenig essen, ist der Einfluss auf den Blutzucker nicht so stark, wie der hohe glykämische Index eigentlich vermuten lässt.

Die Glykämische Last bewertet die Blutzuckerwirkung der tatsächlich verzehrten Menge eines Lebensmittels. Die Formel: Glykämischer Index/100 x Gramm Kohlenhydrate je Portion

Die glykämische Last

Wie sich die Kohlenhydrate der tatsächlich verzehrten Portion eines Lebensmittels mit hohem oder niedrigem glykämischen Index auf den Blutzucker auswirken, zeigt die glykämische Last an. Sie ist für die Bewertung von Lebensmitteln im Alltag somit besser geeignet.
Denn je nach Portionsgröße kann trotz großer Unterschiede im glykämischen Index die glykämische Last verschiedener Lebensmittel fast identisch sein. Was der Vergleich zweier Brotsorten verdeutlicht.

➤ Einfluss der Portionsgröße

100 g Mehrkornbrot enthalten 43 g Kohlenhydrate. Der glykämische Index von Mehrkornbrot ist 45. Die glykämische Last entspricht: 45/100 x 43 = 19.

100 g Weißbrot enthalten 48 g Kohlenhydrate. Eine Portion entspricht nur 50 g Weißbrot (24 g Kohlenhydrate). Der glykämische Index von Weißbrot ist 70. Die glykämische Last entspricht:
70/100 x 24 = 17.

1 Portion Mehrkornbrot weist also eine glykämische Last von 19 auf, bei 1 Portion Weißbrot beträgt sie nur 17. Sobald sie aber 100 g Weißbrot essen, steigt die glykämische Last auf 34.

Praxistipps

»Niedriger glykämischer Index« heißt, die Kohlenhydrate aus dem Lebensmittel gehen nur langsam ins Blut über. Ohne Insulinbehandlung sind Lebensmittel mit solchen »langsamen Kohlenhydraten« in jedem Fall von Vorteil. Ebenfalls bei Behandlung mit Normalinsulin (= Altinsulin) – auch als feste Insulinmischung mit Verzögerungsinsulin, weil die Wirkung des Insulins erst eine Weile nach der Insulingabe eintritt. Kohlenhydrate und Insulin kommen so relativ zeitgleich im Blut an. Werden Sie mit schnellen Insulin-Analoga behandelt? Dann kann es bei einer Mahlzeit mit eher niedrigem glykämischen Index von Vorteil sein, das Insulin nicht wie üblich vor dem Essen, sondern erst zum Essen oder sogar danach zu spritzen. So vermeiden Sie sicher eine Unterzuckerung.

Ideal für einen stabilen Blutzucker ist, über den Tag verteilt so viele Portionen aus den verschiedenen Lebensmittelgruppen zu essen:

- mindestens 15 Portionen Vollkornbrot, Getreideprodukte oder Kartoffeln
- 4 Portionen (je etwa 100 kcal) eines fettarmen Milchprodukts, z.B. 200 ml fettarme Milch, 250 g Joghurt pur, 30 g Käse
- 3 Portionen Gemüse à 200 g
- 2 Portionen frisches Obst (je nach Sorte 50–150 g) oder Trockenobst (je nach Sorte 15–20 g) oder 100 ml Fruchtsaft ohne Zuckerzusatz.
- 1 Portion Hülsenfrüchte (à 75 g Rohgewicht, etwa 1,5 KHE/BE) oder 100 g mageres Fleisch, Geflügel oder Fisch oder 1 Ei oder 30 g Wurst.

Eine Portion der Kohlenhydratträger Brot, Getreideprodukte, Kartoffeln, Obst, Saft und Milchprodukte entspricht etwa 1 KHE/BE (siehe Seite 14).

Trinken Sie darüber hinaus mindestens 6 Gläser (à 300 ml) oder 2 Tassen (à 150 ml) (Mineral-)Wasser, Tee oder andere kalorienfreie Getränke. Verwenden Sie pro Tag 2 EL (à etwa 10 g) Öl, Butter oder Margarine oder 2 Portionen Nüsse oder Mandeln (à 15 g). Und als kleines Extra (à 1–1,5 KHE/BE und 100–150 kcal) können Sie sich 1 Riegel Schokolade oder 1 kleines Stück Kuchen oder 1 Hand voll gesalzene Nüsse oder 1 kleines Glas Bier oder Wein gönnen.

Ernährung im Alltag – unbeschwert genießen

Worauf kommt es bei der Umstellung meiner Essgewohnheiten an?

Das Wichtigste ist, dass das Essen für Sie genussvoll und gesellig bleibt – und darüber hinaus darf es noch »gesünder« werden. Die Ernährungsempfehlungen für Menschen mit Diabetes haben sich in den letzten Jahren glücklicherweise stark verändert – Diabetesdiäten mit vielen Verboten werden nicht mehr empfohlen. Eine gesunde Mahlzeit orientiert sich an den Richtlinien der ausgewogenen Mischkost (siehe auch Seite 20).

Wie viele Mahlzeiten sind ideal?

Zur Entlastung der Bauchspeicheldrüse und um den Blutzucker auf einem gleichmäßigen Niveau zu halten, ist es günstig, die Kohlenhydratzufuhr über den Tag auf fünf bis sechs Mahlzeiten zu verteilen. Wir empfehlen Ihnen, dabei Lebensmittel mit niedrigem glykämischen Index beziehungsweise Portionen mit niedriger glykämischer Last zu bevorzugen.

Sollte ich Zwischenmahlzeiten essen?

Die Antwort lautet ganz klar »ja!« – falls Sie mit Normalinsulin als feste Insulinmischung behandelt werden, um Unterzucker vorzubeugen. Für alle anderen gilt: Zwischenmahlzeiten wirken entlastend auf den Blutzucker, weil die Kohlenhydrate gleichmäßiger verteilt werden können. Ob Zwischenmahlzeiten für Sie sinnvoll sind, sollten Sie in jedem Fall mit Ihrem Diabetesberater oder mit Ihrem Arzt besprechen.

Muss ich anders essen, wenn ich Sport treibe?

Bei körperlicher Aktivität, auch bei Gartenarbeit oder beim Hausputz, wird mehr Energie umgesetzt und die Insulinwirkung verbessert. Deswegen sollten Sie vorsichtshalber für jede sportliche Betätigung à 30 Minuten 1 KHE/BE zusätzlich essen, wenn Sie Insulin spritzen oder mit Medikamenten behandelt werden, die die körpereigene Insulinproduktion steigern. So können Sie Unterzuckerungen vorbeugen.

Ist Zucker für Diabetiker seit Neuestem erlaubt?

Zucker liefert in erster Linie »leere Energie«, ganz gleich, ob es sich um Traubenzucker, Haushaltszucker, Honig oder ein anderes Süßungsmittel handelt. Sofern Zucker und zuckerhaltige Lebensmittel in kleinen Mengen verzehrt werden, sind sie auch für Diabetiker unbedenklich. Doch Achtung vor »verstecktem Zucker«: Neben Konfitüren und Süßwaren, enthalten auch Backwaren, Getränke und Fertigprodukte in der Regel viel Zucker.

Was sind Zuckeraustauschstoffe?

Zuckeraustauschstoffe wie Fruktose (Fruchtzucker) oder Zuckeralkohole (Sorbit, Isomaltit, Xylit) liefern genauso viel Energie, haben aber einen niedrigeren glykämischen Index als Haushaltszucker (Saccharose) und beeinflussen den Blutzucker nur gering. Der einzige gesundheitliche Vorteil gegenüber diesem ist – auch für Diabetiker – nur die verminderte Kariesbildung. Bei übermäßigem Verzehr können sie zu Durchfällen führen.

Und was sind Süßstoffe?

Süßstoffe wie Saccharin, Acesulfam-K oder Cyclamat sind energiefrei. Sie wirken sich nicht auf den Blutzucker aus, beeinflussen allerdings die Geschmacksnerven: Mit der Zeit gewöhnt man sich an den übersüßen Geschmack. Nahrungsmittel, die Süßstoffe enthalten, tragen einen entsprechenden Hinweis oder eine so genannte E-Nummer (E950, E951, E952, E953, E954, E957, E959).

Bringt die Verwendung spezieller Diabetiker-Produkte Vorteile?

Diese Lebensmittel erkennen Sie an dem Zusatzhinweis »zur besonderen Ernährung bei Diabetes mellitus im Rahmen eines Diätplans«. Das erweckt den Eindruck, man könnte davon ohne Anrechnung beliebige Mengen verzehren oder trinken. Doch meist wurde nur der Haushaltszucker durch Zuckeraustauschstoffe, Süßstoffe oder eine Kombination aus Zuckeraustauschstoffen und Süßstoffen ersetzt. Nichts anderes. Also ein klares Nein!

Wie kann ich den Kohlenhydratgehalt gekochter Nudeln sicher schätzen?

Mit etwas Übung, da gekochte Teigwaren unterschiedliche Mengen Wasser aufnehmen: Die Werte sind abhängig von Nudelsorte, Hersteller und Garzeit (mit Biss oder ohne). Am besten wiegen Sie die Menge Ihrer Nudelsorten im Rohzustand ab, kochen sie bis zur gewünschten Bissfestigkeit und wiegen diese Portion erneut. Prägen Sie sich die Menge mit Hilfe eines Maßes wie Löffel, Teller oder Kelle ein.

Essen und Trinken – gut versorgt durch den Tag

Das erste Frühstück – der Start in den Tag

Die schnell verfügbaren Energiespeicher der Leber sind nach der nächtlichen »Fastenzeit« geleert. Die erste Mahlzeit des Tages liefert die erste Energie. Hirn- und Nervennahrung in Form von Vollkorngetreide, Müsli, Vollkornbrot kombiniert mit mageren Milchprodukten und Käse ist ideal. Dazu als Ergänzung frische Früchte und Gemüse wie Gurke, Paprika und Tomate. Ein solch farbenfrohes Frühstück ist ein echter Muntermacher und bei dieser Kombination der Lebensmittel ist die glykämische Last gering.

Das zweite Frühstück und die Zwischenmahlzeit am Nachmittag

Eine Portion Obst ist ein guter fettfreier Kohlenhydratlieferant und daher ein idealer Pausensnack. Obst liefert Energie für Gehirn und Nerven, und Sie können die Zeit bis zur nächsten Hauptmahlzeit ohne Leistungstief überbrücken. Falls Ihr Magen empfindlich reagiert, und Sie die Fruchtsäuren nicht gut vertragen oder die glykämische Last von Obst noch weiter verringern wollen, können Sie auch Naturjoghurt mit frischen Früchten der Saison kombinieren.
Der Snack am Nachmittag soll ebenfalls Blutzuckertiefs entgegenwirken. Fettarme, kohlenhydrathaltige Snacks sind auch am Nachmittag ideal. Deshalb kann auch diese Zwischenmahlzeit sehr gut aus frischen Früchten oder Joghurt mit frischem Obst bestehen. Kekse und Kuchen sollten die Ausnahme bilden, besonders dann, wenn Sie abnehmen möchten.

Das Mittagessen – warm oder kalt

Dieses Essen kann ein warmes Gericht sein. Es sollte aus einer großen Portion Pellkartoffeln, Vollkornreis oder Vollkornnudeln und einer großen Portion Gemüse – am besten gedünstet in einer kleinen Menge hochwertigem Pflanzenöl (Rapsöl oder Olivenöl) – bestehen. Dazu als Beilage eine kleinere Portion Fisch oder mageres Fleisch – möglichst fettsparend zubereitet. Auch Käse zum Überbacken, geriebener Parmesan oder ein anderer Hartkäse zum Bestreuen sind eine wertvolle Proteinergänzung. Frisches Obst ist ein gesundes und optimales Dessert. Wenn es besser zur Organisation Ihres Tagesablaufs passt, kann das Mittagessen auch eine Brotmahlzeit sein. Die Kombination von Kohlenhydratträgern mit eiweiß- und fettreichen Zutaten sollte aber ein ähnliches Verhältnis aufweisen wie das einer warmen Mahlzeit.

Das Abendessen – kalt oder warm

Die letzte Hauptmahlzeit des Tages soll gut sättigen und gleichzeitig leicht bekömmlich sein, um Ihre Nachtruhe nicht zu beeinträchtigen. Ob Sie lieber eine kalte oder eine warme Mahlzeit essen, können Sie ganz nach Ihrer Tagesgestaltung und Ihren persönlichen Vorlieben entscheiden. Die Annahme, eine warme Mahlzeit am Abend mache dick, ist schlichtweg falsch. Es kommt auf die Zusammenstellung und nicht auf die Temperatur des Essens an. Die Grundlage eines vollwertigen kalten Abendessens kann zum Beispiel Vollkornbrot mit Käse sein. Die beste Ergänzung dazu ist ein großer Salat mit einer Vinaigrette aus einer kleinen Menge hochwertigem Öl. Auch Kombinationen von Vollkornbrot und in wenig Öl gebratene, marinierte Gemüse (Antipasti) und etwas Fisch stellen vollwertige Abendmahlzeiten dar, die den Körper nicht belasten.

Die Spätmahlzeit

Diese letzte kleine Mahlzeit des Tages verkürzt die nächtliche Fastenzeit und beugt nächtlichen Unterzuckerungen vor. Besonders günstig ist eine kalziumhaltige Spätmahlzeit: Ideal ist Joghurt, eventuell aromatisiert mit frischem Obst oder etwas Rohkost.

Essen im Hotel, im Restaurant und in der Kantine

Wenn es kein Büffetangebot gibt, bei dem Sie die Mengen selbst portionieren können, sind die Gerichte oft nicht so zusammengestellt, dass sie den Empfehlungen entsprechen. Die Fleischportionen sind oft größer, Gemüse- und Beilagenportionen dagegen kleiner, als es für vollwertige Mahlzeiten empfohlen wird. Häufig werden auch Fette etwas zu großzügig eingesetzt. Machen Sie sich diese Tatsache bewusst und versuchen Sie, durch die selbst zubereiteten Mahlzeiten einen Ausgleich zu schaffen.
In jedem Fall können Sie versuchen, die Gerichte geschickt zusammenzustellen: Vermeiden Sie fettige Beilagen wie Pommes und Kroketten und panierte oder frittierte Fleisch- oder Fischgerichte. Wählen Sie keine Dressings mit Mayonnaise oder Cocktailsauce für ihren Salat. Salate mit Ei, Thunfisch und Käse liefern manchmal schon mehr Energie als ein komplettes Hauptgericht. Fettarme Alternativen sind Fisch, Salat mit Essig-Öl-Dressing und Brot als Beilage. Auch ein kleines gegrilltes Steak mit einer Folienkartoffel und einem gemischten Salat ist eine gute Variante.

Häufige (Fehl-) Aussagen zum Essen bei Diabetes

»Wenn überhaupt Kuchen, dann Sahnetorte – die beeinflusst den Blutzucker weniger.« »Für den Hunger zwischendurch besser ein Stück Käse oder Wurst anstelle von Obst naschen.« »Saure Äpfel enthalten weniger Zucker als süße Sorten.« »Von Nudeln ist nur so wenig erlaubt, dass man sie am Besten nur als Suppeneinlage verwendet.« »Besser Knäckebrot essen statt Brot oder Brötchen.«
An allen diesen Aussagen ist nichts dran. Alle beruhen auf der falschen Annahme, man könne durch Einschränkung der Nahrungskohlenhydrate den Glukosegehalt im Blut erfolgreich senken. Da zentrale Organe auf die Versorgung mit Kohlenhydraten angewiesen sind, besitzt der Körper die Fähigkeit, Kohlenhydrate teilweise selbst herzustellen. Es kreist also selbst dann Glukose im Blut, wenn keine Kohlenhydrate mit der Nahrung aufgenommen wurden. Was bei Diabetes nicht (Typ 1) oder nur unzureichend (Typ 2) funktioniert, ist der Abtransport von Zucker aus dem Blut in die Zellen. Die Behandlung muss entsprechend beim Insulin oder dessen Wirkung ansetzen. Beim Diabetes Typ 2 heißt das: Körpergewicht normalisieren. Durch negative Energiebilanz unterstützt durch gesteigerte körperliche Aktivität.
Sahnetorte und Würstchen sind also keine guten Alternativen! Die Lebensmittel-Pyramide in der hinteren Umschlagklappe kann die Orientierung sehr erleichtern, von welchen Lebensmitteln man viel und von welchen man lieber nur kleine Mengen essen sollte.

Garantiert diabetesgerecht –

kochen, backen und genießen

Lassen Sie sich von den leckeren Rezepten auf den folgenden Seiten verführen. Alle Gerichte wurden speziell für die kohlenhydratbewusste Ernährung entwickelt. Sie sind unkompliziert zuzubereiten und schmecken einfach gut. Die Angaben zum Kohlenhydratgehalt sowie zu KHE und BE erleichtern Ihnen, den Überblick zu bewahren. Je nach indiviuellem Bedarf, können Sie die Menge der Kohlenhydratträger (Getreide, Teigwaren, Reis) erhöhen oder verringern.

Gestalten Sie Ihren Speiseplan noch abwechslungsreicher und genießen Sie: Frühstücksideen, Snacks und Drinks, Salate, Suppen und kleinen Gerichte, viele süße Köstlichkeiten sowie die Hauptgerichte werden Sie, Ihre Familie und auch Ihre Gäste schnell überzeugen, dass sich eine diabetesgerechte Ernährung in keiner Weise von anderen Alltags- und Festgerichten unterscheiden muss.

Müsli

mit frischen Früchten

FÜR 2 PERSONEN

5 EL gemischte ungesüßte Vollkornflocken
1 EL Sonnenblumenkerne
3 EL Orangensaft (ersatzweise Apfelsaft)
400 g gemischte Früchte der Saison (z.B. Nektarine, Pfirsich, Pflaume, Brombeeren)
2 TL Zitronensaft
200 g körniger Frischkäse
einige Blättchen Zitronenmelisse

ZUBEREITUNG: ca. 15 Min.

1. Die Vollkornflocken mit den Sonnenblumenkernen in einer beschichteten Pfanne ohne Fett bei mittlerer Hitze unter Rühren leicht rösten.
2. Die Flocken und die Sonnenblumenkerne in eine Schüssel geben, mit dem Saft und 50 ml Wasser verrühren und ca. 5 Min. quellen lassen.
3. Inzwischen die Früchte je nach Sorte waschen, putzen und in kleine Stücke schneiden. Mit dem Zitronensaft beträufeln. Den Frischkäse locker unter die Flocken-Mischung heben und in tiefe Teller oder in Müslischalen geben.
4. Die Fruchtstücke darauf anrichten. Mit einigen Blättchen Zitronenmelisse garnieren.

TIPP

Mischungen aus Vollkorn-Getreideflocken bestehen meist aus Weizen-, Gerste-, Hafer- und Dinkelflocken. Ungesüßte Mischungen finden Sie im Reformhaus, im Naturkostladen, aber auch im Super- oder im Drogeriemarkt.

VARIANTE

Ein Stück frische Ingwerwurzel (ca. 2 cm lang) schälen und fein reiben. Den Ingwer unter den Frischkäse rühren, nach Belieben mit 1–2 TL Apfel- oder Birnendicksaft (aus dem Reformhaus) süßen. Erst dann unter die Flockenmischung heben. Wer keinen frischen Ingwer bekommt, nimmt stattdessen 1 Msp. Ingwerpulver.

Nährwerte pro Portion:

315 kcal • **20 g** Eiweiß • **8 g** Fett • **38 g** Kohlenhydrate • **8 g** Ballaststoffe • ca. **3,5** KHE/BE

Zitrusfrüchte-Müsli

FÜR 2 PERSONEN

75 g kernige Vollkorn-Haferflocken
1 TL Zucker
2 kernlose Mandarinen
1 rosa Grapefruit
200 g Quarkzubereitung (0,2 % Fett)
Flüssigsüßstoff nach Belieben

ZUBEREITUNG: ca. 15 Min.

1. Die Haferflocken in einer beschichteten Pfanne ohne Fett kurz rösten. Mit dem Zucker bestreuen. Mandarinen und Grapefruit schälen, in Spalten teilen und diese in Stücke schneiden, dabei den Saft auffangen.

2. Den Quark mit dem aufgefangenen Zitrussaft glatt rühren. Nach Belieben mit Süßstoff abschmecken. Quark in tiefe Teller geben. Die Haferflocken und die Früchte darauf verteilen.

Nährwerte pro Portion:

235 kcal • **13 g** Eiweiß • **3 g** Fett • **40 g** Kohlenhydrate • **5 g** Ballaststoffe • ca. **4** KHE/BE

Frischkorn-Müsli

FÜR 2 PERSONEN

65 g Weizenkörner (ersatzweise Haferkörner)
3 getrocknete Aprikosen
150 g fettarmer Joghurt (1,5 % Fett)
1 große Birne
1 TL Zitronensaft
2 EL Haselnüsse

ZUBEREITUNG: ca. 10 Min.
QUELLZEIT: 12 Std.

1. Die Körner in der Getreidemühle grob schroten. Die Aprikosen in Streifen schneiden. Beides mit 6 EL Wasser und 3 EL Joghurt verrühren, zugedeckt über Nacht im Kühlschrank quellen lassen.

2. Die Birne waschen, vierteln, vom Kerngehäuse befreien, würfeln und mit dem Zitronensaft beträufeln. Die Haselnüsse hacken. Restlichen Joghurt, Birne und Haselnüsse auf der Getreide-Mischung verteilen.

Nährwerte pro Portion:

265 kcal • **9 g** Eiweiß • **8 g** Fett • **39 g** Kohlenhydrate • **7 g** Ballaststoffe • ca. **4** KHE/BE

Apfel-Kokos-Porridge

FÜR 2 PERSONEN
75 g Getreideflocken
2 EL Kokosraspel
Flüssigsüßstoff nach Belieben
2 kleine rotschalige Äpfel
1 TL Zitronensaft
180 g Kefir

ZUBEREITUNG: ca. 10 Min.

1. Getreideflocken und Kokosraspel mit 190 ml Wasser aufkochen und 2 Minuten leicht köcheln lassen. Nach Belieben süßen und in Schalen geben.

2. Die Äpfel waschen, vierteln, vom Kerngehäuse befreien, in Stifte schneiden und im Zitronensaft wenden. Mit dem Kefir auf dem Porridge anrichten.

Nährwerte pro Portion:

300 kcal • **8 g** Eiweiß • **11 g** Fett • **40 g** Kohlenhydrate • **8 g** Ballaststoffe • ca. **4** KHE/BE

Herzhaftes Hirsemüsli

FÜR 2 PERSONEN
5 EL Hirseflocken
1 EL Weizenkeime
250 g Dickmilch
1 EL gehackte Petersilie
1 großer Apfel (ca. 180 g)
2 Möhren
2 TL Zitronensaft

ZUBEREITUNG: ca. 10 Min.

1. Hirseflocken, Weizenkeime, 150 g Dickmilch und Petersilie verrühren. Den Apfel waschen, vierteln und vom Kerngehäuse befreien. Die Möhren schälen. Beides grob raspeln und mit dem Zitronensaft beträufeln.

2. Die Hälfte der Apfel- und Möhrenraspel unter die Hirseflocken mischen. Restliche Dickmilch und übrige Raspel darauf verteilen.

Nährwerte pro Portion:

210 kcal • **9 g** Eiweiß • **2 g** Fett • **40 g** Kohlenhydrate • **7 g** Ballaststoffe • ca. **4** KHE/BE

Brötchen mit Basilikum-Tofu

FÜR 2 PERSONEN
100 g geräucherter Tofu
2 EL frisch gehacktes Basilikum (ersatzweise Petersilie)
Salz, Pfeffer
3 kleine Tomaten
2 Roggen-Vollkornbrötchen (à 50 g)

ZUBEREITUNG: ca. 10 Min.

1. Den Tofu mit einer Gabel fein zerdrücken oder kurz pürieren. Das Basilikum untermischen. Mit Salz und Pfeffer würzen. Die Tomaten waschen und in dünne Scheiben schneiden.

2. Die Brötchen waagerecht halbieren und mit den Tomatenscheiben belegen. Basilikum-Tofu darauf verteilen.

Nährwerte pro Portion:

245 kcal • **10 g** Eiweiß • **4 g** Fett • **42 g** Kohlenhydrate • **4 g** Ballaststoffe • ca. **4** KHE/BE

Corned Beef-Brot

FÜR 2 PERSONEN
6 Radieschen
2 EL Magerquark
1 EL Schnittlauchröllchen
Salz, Pfeffer
3 dünne Scheiben Vollkornbrot (à 55 g)
100 g Corned Beef

ZUBEREITUNG: ca. 15 Min.

1. Die Radieschen waschen, putzen und in dünne Scheiben schneiden. Den Quark mit etwas Wasser glatt rühren. Die Radieschen und 1/2 EL Schnittlauch untermischen. Mit Salz und Pfeffer würzen. Die Brote damit bestreichen.

2. Das Corned Beef in Streifen schneiden oder würfeln. Auf dem Radieschenquark verteilen. Mit dem restlichen Schnittlauch bestreuen.

Nährwerte pro Portion:

260 kcal • **19 g** Eiweiß • **3 g** Fett • **36 g** Kohlenhydrate • **6 g** Ballaststoffe • ca. **3** KHE/BE

Käse-Aprikosen-Brot

FÜR 2 PERSONEN

200 g körniger Frischkäse
Flüssigsüßstoff nach Belieben
50 g weiche getrocknete Aprikosen
2 Scheiben Vollkornbrot (à 60 g)
2 TL Weizenkeime

ZUBEREITUNG: ca. 10 Min.

1. Den Frischkäse nach Belieben süßen. Die Aprikosen fein würfeln und bis auf 1 TL unter den Frischkäse mischen.
2. Die Brote diagonal halbieren, so dass 4 Dreiecke entstehen. Aus der Käsemasse mit zwei angefeuchteten Esslöffeln Nocken formen und auf die Brotdreiecke setzen. Mit den restlichen Aprikosen und den Weizenkeimen bestreuen.

Nährwerte pro Portion:

280 kcal • **23 g** Eiweiß • **3 g** Fett • **36 g** Kohlenhydrate • **7 g** Ballaststoffe • ca.. **3** KHE/BE

Apfel-Quark-Brot

FÜR 2 PERSONEN

1 Apfel
1 TL Zitronensaft
100 g Magerquark
2 EL gemahlene Haselnüsse
2 Scheiben Vollkornbrot (à 60 g)

ZUBEREITUNG: ca. 10 Min.

1. Den Apfel waschen, vierteln, vom Kerngehäuse befreien und 3 Apfelviertel grob raspeln. Das übrige Viertel in dünne Spalten schneiden. Alles mit Zitronensaft beträufeln.
2. Den Quark mit etwas Wasser glatt rühren. Die Apfelraspel und die Haselnüsse untermischen. Die Brote mit dem Quark bestreichen und mit den Apfelspalten garnieren.

Nährwerte pro Portion:

270 kcal • **11 g** Eiweiß • **6 g** Fett • **40 g** Kohlenhydrate • **6 g** Ballaststoffe • ca. **4** KHE/BE

Kichererbsencreme mit Sesam

FÜR 2 PERSONEN
1 EL ungeschälte Sesamsamen
1 kleine Dose Kichererbsen (Abtropfgewicht 125 g)
1/2 TL Zitronensaft
Salz
1 TL gehackte Petersilie
1 EL Sesamöl
1 Msp. Cayennepfeffer

ZUBEREITUNG: ca. 10 Min.

1. Die Sesamsamen in einer beschichteten Pfanne ohne Fett rösten, abkühlen lassen. Die Kichererbsen pürieren. Mit dem Zitronensaft und Salz würzen.

2. Die Petersilie, die Sesamsamen und das Sesamöl unterrühren. Die Creme mit Cayennepfeffer abschmecken.

UND DAZU BROT

Stimmen Sie die Menge auf Ihren Kohlenhydratbedarf ab: 1/2 Scheibe Brot oder 1/2 Brötchen (je ca. 25 g) liefern 1 KHE/BE.

TIPP

Gleich die doppelte Menge Brotaufstrich zubereiten. Er hält sich mit Sesamöl bedeckt in einem Glas mit Schraubverschluß ca. 3 Tage im Kühlschrank.

Nährwerte pro Portion:

155 kcal • **7 g** Eiweiß • **8 g** Fett • **13 g** Kohlenhydrate • **7 g** Ballaststoffe • ca. **1** KHE/BE

Auberginencreme mit Paprika

FÜR 2 PERSONEN
200 g Aubergine
3 TL Olivenöl
1 Frühlingszwiebel
1/2 kleine rote Paprikaschote
1 TL Zitronensaft
1 kleine Knoblauchzehe
2 TL Haferkleie
Salz, Pfeffer

ZUBEREITUNG: ca. 25 Min.

1. Die Aubergine waschen, putzen, dünn schälen und in feine Würfel schneiden. Eine beschichtete Pfanne mit 1 TL Öl auspinseln. Die Auberginenwürfel darin bei mittlerer Hitze ca. 15 Min. zugedeckt weich dünsten, dabei ab und zu wenden.

2. Inzwischen die Frühlingszwiebel putzen, waschen und in feine Röllchen schneiden. Die Paprikahälfte putzen, waschen und fein würfeln. Die Aubergine mit einer Gabel grob zerdrücken und mit dem Zitronensaft beträufeln. Den Knoblauch schälen und dazupressen. Die Frühlingszwiebel, die Paprikaschote und die Haferkleie unterrühren. Die Auberginencreme mit Salz und Pfeffer abschmecken.

UND DAZU BROT

Stimmen Sie die Menge auf Ihren Kohlenhydratbedarf ab: 1/2 Scheibe Brot oder 1/2 Brötchen (je ca. 25 g) liefern 1 KHE/BE.

Nährwerte pro Portion:

110 kcal • **2 g** Eiweiß • **7 g** Fett • **7 g** Kohlenhydrate • **4 g** Ballaststoffe • ca. **1/2** KHE/BE

Oliven-Ajvar-Aufstrich

FÜR 2 PERSONEN
6 entsteinte schwarze Oliven
2 Stängel Basilikum
1 TL Sonnenblumenkerne
4 EL Ajvar (80 g, Paprikapaste aus dem Glas)
1 TL Olivenöl
Pfeffer

ZUBEREITUNG: ca. 10 Min.

1. Die Oliven fein würfeln. Das Basilikum waschen, trockenschütteln und die Blättchen in feine Streifen schneiden. Die Sonnenblumenkerne hacken.

2. Die Oliven, das Basilikum und die Sonnenblumenkerne zum Ajvar geben. Das Öl hinzufügen und alles verrühren. Mit Pfeffer abschmecken.

UND DAZU BROT

Stimmen Sie die Menge auf Ihren Kohlenhydratbedarf ab: 1/2 Scheibe Brot oder 1/2 Brötchen (je ca. 25 g) liefern 1 KHE/BE.

VARIANTE

Gehaltvoller wird der Brotaufstrich, wenn zusätzlich 20 g fein gewürfelter Schafskäse untergemischt wird.

Nährwerte pro Portion:

60 kcal • **1 g** Eiweiß • **5 g** Fett • **3 g** Kohlenhydrate • **1 g** Ballaststoffe • **0** KHE/BE

Zucchini-Kräuter-Rührei

FÜR 2 PERSONEN
150 g Zucchino
2 TL Rapsöl
3 Eier (Größe M)
2 EL Mineralwasser
Salz, Pfeffer
2 EL gehackte gemischte Kräuter
3 Scheiben Vollkornbrot (à 60 g)

ZUBEREITUNG: ca. 15 Min.

1. Den Zucchino waschen, putzen und fein würfeln. Das Öl in einer beschichteten Pfanne erhitzen. Die Zucchinowürfel ca. 2 Min. darin dünsten.
2. Die Eier mit 5 EL Wasser, Salz, Pfeffer und Kräutern verquirlen. Über die Zucchini gießen. Bei schwacher Hitze stocken lassen.

UND DAZU BROT

Stimmen Sie die Menge auf Ihren Kohlenhydratbedarf ab: 1/2 Scheibe Brot oder 1/2 Brötchen (je ca. 25 g) liefern 1 KHE/BE.

Nährwerte pro Portion:

380 kcal • **19 g** Eiweiß • **15 g** Fett • **40 g** Kohlenhydrate • **7 g** Ballaststoffe • ca. **4** KHE/BE

Käse-Gemüse-Snack

FÜR 2 PERSONEN
200 g Salatgurke
4 kleine Tomaten
100 g fettarmer Schnittkäse am Stück (z.B. Butterkäse, Edamer oder Tilsiter, 30 % Fett i. Tr.)
6 entsteinte schwarze Oliven
Salz, Pfeffer
2 Msp. edelsüßes Paprikapulver

ZUBEREITUNG: ca. 10 Min.

1. Die Gurke und die Tomaten waschen und in dünne Scheiben schneiden. Den Käse würfeln.
2. Die Gurkenscheiben mit den Tomatenscheiben, den Käsewürfeln und den Oliven auf Tellern anrichten. Mit Salz, Pfeffer und Paprika würzen.

UND DAZU BROT

Stimmen Sie die Menge auf Ihren Kohlenhydratbedarf ab: 1/2 Scheibe Brot oder 1/2 Brötchen (je ca. 25 g) liefern 1 KHE/BE.

Nährwerte pro Portion:

155 kcal • **14 g** Eiweiß • **10 g** Fett • **3 g** Kohlenhydrate • **1 g** Ballaststoffe • **0** KHE/BE

Harzer-Burger

FÜR 2 PERSONEN
4 Salatblätter
1 kleine rote Paprikaschote
1 rote Zwiebel
1 Gewürzgurke
100 g Harzer Käse
2 runde Roggen-Vollkornbrötchen (à 50 g)
2 TL Öl, 1 TL Essig
ZUBEREITUNG: ca. 10 Min.

1. Die Salatblätter waschen und trockenschütteln. Die Paprikaschote putzen, waschen und in Streifen schneiden. Die Zwiebel schälen und in dünne Ringe, die Gewürzgurke längs in Scheiben schneiden. Den Harzer-Käse in Stücke teilen.

2. Die Brötchen halbieren. Jeweils auf den unteren Hälften Salatblätter, Paprikastreifen, Zwiebelringe, Gurkenscheiben und Käse verteilen. Öl und Essig miteinander verrühren und darüber träufeln. Die oberen Brötchenhälften darauf setzen.

Nährwerte pro Portion:

300 kcal • **22 g** Eiweiß • **7 g** Fett • **42 g** Kohlenhydrate • **7 g** Ballaststoffe • ca. **4** KHE/BE

Paprika-Schiffchen mit Tsatsiki

FÜR 2 PERSONEN
150 g Gärtner- oder Salatgurke
150 g Joghurt (3,5 % Fett)
1 TL Weißweinessig
1 TL Olivenöl
Salz, Pfeffer
1 kleine rote Paprikaschote
ZUBEREITUNG: ca. 15 Min.

1. Die Gurke waschen, putzen, längs halbieren, entkernen und grob raspeln. Unter den Joghurt mischen. Mit Essig, Öl, Salz und Pfeffer abschmecken.

2. Die Paprikaschote halbieren, putzen und waschen. Die Hälften jeweils längs dritteln. Den Gurken-Joghurt darin anrichten.

UND DAZU BROT

Stimmen Sie die Menge auf Ihren Kohlenhydratbedarf ab: 1/2 Scheibe Brot oder 1/2 Brötchen (je ca. 25 g) liefern 1 KHE/BE.

Nährwerte pro Portion:

90 kcal • **4 g** Eiweiß • **5 g** Fett • **6 g** Kohlenhydrate • **3 g** Ballaststoffe • ca. **1/2** KHE/BE

Schinkenbrötchen und Rettich-Rohkost

FÜR 2 PERSONEN

250 g weißer Rettich
Salz
1 Frühlingszwiebel
4 Radieschen
1 EL Kürbiskernöl (ersatzweise Rapsöl)
1 EL Joghurt (3,5 % Fett)
1 EL Zitronensaft
Pfeffer
2 gehäufte TL Kürbiskerne
2 Mehrkorn-Vollkornbrötchen (à 50 g)
1 TL Margarine
1 TL Senf
4 dünne Scheiben gekochter Schinken (ca. 40 g)

ZUBEREITUNG: ca. 15 Min.

1. Den Rettich waschen, putzen, dünn schälen und mittelfein raspeln. Mit etwas Salz bestreuen und ca. 5 Min. ziehen lassen. Die Frühlingszwiebel waschen, putzen und fein hacken. Die Radieschen waschen und putzen.

2. Das Öl mit dem Joghurt und dem Zitronensaft zu einer Sauce verrühren. Mit Pfeffer würzen. Rettich und Frühlingszwiebel vermischen und mit der Sauce anmachen. Die Kürbiskerne in einer beschichteten Pfanne ohne Fett rösten und grob hacken.

3. Die Brötchen halbieren. Mit Margarine und Senf bestreichen und mit dem Schinken belegen. Die Rettich-Rohkost mit den Kürbiskernen bestreuen und zu den Schinkenbrötchen reichen. Mit den Radieschen garnieren.

TIPP

Etwa 1/4 TL fein geriebenen Ingwer unter die Salatsauce mischen, das macht den Rettich besser verträglich.

Nährwerte pro Portion:

360 kcal • **12 g** Eiweiß • **16 g** Fett • **40 g** Kohlenhydrate • **6 g** Ballaststoffe • ca. **4** KHE/BE

Matjes-Tatar auf Vollkornbrot

FÜR 2 PERSONEN

3 Cornichons
1/2 Apfel (z.B. Cox Orange)
1 TL Zitronensaft
1 kleine Möhre
75 g frische rote Bete
3 Zweige Dill
1 kleine rote Zwiebel
2 Matjesfilets (ca. 125 g)
1 EL Joghurt-Salatcreme (11 % Fett)
Pfeffer
4 Salatblätter (z.B. Frisée)
2 Scheiben Vollkornbrot (à 60 g)

ZUBEREITUNG: ca. 15 Min.

1. Die Cornichons fein würfeln. Den Apfel waschen, vierteln und vom Kerngehäuse befreien. Das Fruchtfleisch klein würfeln und mit dem Zitronensaft beträufeln. Möhre und rote Bete schälen und in feine Streifen schneiden.

2. Den Dill waschen, trockenschütteln und bis auf einige Spitzen fein hacken. Die Zwiebel schälen und fein würfeln. Den Matjes ebenfalls klein würfeln. Zusammen mit den Cornichon- und den Apfelwürfeln sowie den Gemüsestreifen in eine Schüssel geben. Den Dill, die Zwiebel und die Salatcreme dazugeben. Mit Pfeffer würzen und alles gut miteinander vermischen.

3. Die Salatblätter waschen und trockenschütteln. Brotscheiben halbieren und jeweils mit einem Salatblatt belegen. Das Matjes-Tatar darauf anrichten und mit den beiseite gelegten Dillspitzen garnieren.

VARIANTE

Zur Abwechslung das Fisch-Tatar mit Räucherlachs statt mit Matjes zubereiten.

Nährwerte pro Portion:

375 kcal • **16 g** Eiweiß • **17 g** Fett • **37 g** Kohlenhydrate • **7 g** Ballaststoffe • ca. **3** KHE/BE

Indischer Joghurt-Shake

FÜR 2 GLÄSER
150 g fettarmer Joghurt (1,5 % Fett)
2 EL saure Sahne (10 % Fett)
1 Msp. gemahlener Kardamom
1 Msp. gemahlener Zimt
Flüssigsüßstoff nach Belieben

ZUBEREITUNG: ca. 5 Min.

1. Den Joghurt mit der sauren Sahne, Kardamom, Zimt und 100 ml Wasser in einem Mixer schaumig aufmixen.
2. Joghurt-Shake nach Belieben mit Süßstoff abschmecken und in Bechergläsern servieren.

TIPP

Keine Lust auf Joghurt? Er lässt sich durch Buttermilch, Kefir, Dickmilch oder auch Sojadrink ersetzen.

Nährwerte pro Glas:

50 kcal • **3 g** Eiweiß • **3 g** Fett • **4 g** Kohlenhydrate • **0 g** Ballaststoffe • **0** KHE/BE

Gemüse-Drink

FÜR 2 GLÄSER
150 g Salatgurke
300 ml roter Gemüsesaft
edelsüßes Paprikapulver
2 EL Schnittlauchröllchen

ZUBEREITUNG: ca. 10 Min.

1. Die Gurke schälen. 2 dünne Scheiben abschneiden und beiseite legen. Die restliche Gurke würfeln und zusammen mit dem Gemüsesaft fein pürieren.
2. Den Gemüse-Drink mit edelsüßem Paprika würzen und in hohe Gläser füllen. Die Gurkenscheiben bis zur Mitte einschneiden und als Garnitur an die Gläser stecken. Mit Schnittlauchröllchen bestreuen.

Nährwerte pro Glas:

20 kcal • **1 g** Eiweiß • **0 g** Fett • **4 g** Kohlenhydrate • **0 g** Ballaststoffe • **0** KHE/BE

Pfirsiche im Glas

FÜR 2 GLÄSER
700 g reife, gekühlte Pfirsiche (ersatzweise Nektarinen)
4 EL Limettensaft (ersatzweise Zitronensaft)
4 EL Sahne
Flüssigsüßstoff nach Belieben
2 TL fein gemahlene Mandeln
einige Blättchen Zitronenmelisse
ZUBEREITUNG: ca. 15 Min.

1. Die Pfirsiche kurz in kochendes Wasser tauchen, herausnehmen, kalt abschrecken und häuten. Die Früchte halbieren, entsteinen, und mit dem Zitrussaft fein pürieren. In zwei hohe Bechergläser geben.

2. Die Sahne nach Belieben mit etwas Süßstoff (am besten mit einem Milchaufschäumer) steif schlagen. Die Mandeln darunter heben. Auf das Fruchtpüree je eine Sahnehaube setzen, mit Zitronenmelisse garnieren.

Nährwerte pro Glas:
225 kcal • **3 g** Eiweiß • **12 g** Fett • **23 g** Kohlenhydrate • **5 g** Ballaststoffe • ca. **2** KHE/BE

Vanille-Ingwer-Tee

FÜR 4 GLÄSER
30 g frische Ingwerwurzel
1/2 Vanilleschote
300 ml klarer Apfelsaft
4 Zweige Pfefferminze (ersatzweise Zitronenmelisse)
ZUBEREITUNG: ca. 20 Min.

1. Den Ingwer schälen und in feine Scheiben schneiden. Die Vanilleschote längs aufschlitzen. Beides mit 400 ml Wasser aufkochen und zugedeckt 15 Min. köcheln lassen. Den Apfelsaft zugießen.

2. Die Pfefferminze waschen. Je 1 Zweig in ein hohes Teeglas stellen. Den Tee durch ein Sieb hineingießen. Die Flüssigkeitsmenge ergibt insgesamt vier Gläser. Der Tee schmeckt heiß ebenso wie gut gekühlt.

Nährwerte pro Glas:
45 kcal • **0 g** Eiweiß • **0 g** Fett • **10 g** Kohlenhydrate • **0 g** Ballaststoffe • ca. **1** KHE/BE

Bohnensalat

mit Thunfisch

FÜR 2 PERSONEN

300 g breite grüne Bohnen
Salz
2 Stängel Bohnenkraut
1 kleine Dose Kidney-Bohnen (Abtropfgewicht 125 g)
1 Dose Thunfisch im eigenen Saft (Abtropfgewicht 150 g)
1/2 kleine rote Zwiebel
Pfeffer
1/2 TL mittelscharfer Senf
2 EL Rotweinessig
2 EL Olivenöl
4 Salatblätter
6 Kirschtomaten

ZUBEREITUNG: ca. 35 Min.
MARINIERZEIT: ca. 15 Min.

1. Die grünen Bohnen waschen, putzen und halbieren. Salzwasser erhitzen. 1 Stängel Bohnenkraut und die Bohnen zufügen. Bei mittlerer Hitze in ca. 12 Min. bissfest garen. Dann die Bohnen abgießen, kalt abschrecken und gut abtropfen lassen.

2. Die Kidney-Bohnen abgießen, kalt abbrausen und gut abtropfen lassen. Den Tunfisch ebenfalls abtropfen lassen, dabei den Sud auffangen. Tunfisch mit einer Gabel zerpflücken.

3. Das restliche Bohnenkraut waschen und trocken schütteln. Die Blättchen fein hacken. Die Zwiebel schälen und würfeln.

4. Das gehackte Bohnenkraut mit Salz, Pfeffer, Senf, Essig und 1 EL Thunfischsud verquirlen. Das Öl darunter rühren. Bohnen, Zwiebeln und Thunfisch locker vermischen. Die Sauce darüber gießen.Den Salat zugedeckt mindestens 15 Min. ziehen lassen.

5. Die Salatblätter waschen und trocken schütteln. Die Tomaten waschen und achteln. Zwei kleine Salatschüsseln mit den Salatblättern auslegen. Die Tomaten unter den Bohnensalat mischen. Mit Salz und Pfeffer würzen und abschmecken. Den Salat in den Salatschüsseln anrichten.

UND DAZU BROT

Stimmen Sie die Menge auf Ihren Kohlenhydratbedarf ab: 1/2 Scheibe Brot oder 1/2 Brötchen (je ca. 25 g) liefern 1 KHE/BE.

TIPP

Im Sommer schmeckt der Salat auch sehr gut mit Wachs-, Stangen- oder Buschbohnen. Statt frischer grüner Bohnen können Sie auch tiefgekühlte Bohnen verwenden.

Nährwerte pro Portion:

270 kcal • **20 g** Eiweiß • **12 g** Fett • **20 g** Kohlenhydrate • **3 g** Ballaststoffe •ca. **2** KHE/BE

Chicorée-Trauben-Salat mit Käsesauce

FÜR 2 PERSONEN
2 Stauden Chicorée (ca. 350 g)
200 g kleine blaue Weintrauben
80 g Kräuterfrischkäse (30 % Fett i. Tr.)
1 TL Tomatenmark
5 EL fettarme Milch (1,5 % Fett)
Salz, Pfeffer

ZUBEREITUNG: ca. 20 Min.

UND DAZU BROT

Stimmen Sie die Menge auf Ihren Kohlenhydratbedarf ab: 1/2 Scheibe Brot oder 1/2 Brötchen (je ca. 25 g) liefern 1 KHE/BE.

1. Den Chicorée putzen, dabei den bitteren Strunk keilförmig herausschneiden. Die einzeln Blätter ablösen, waschen und gut abtropfen lassen. Jeweils die unteren Blatthälften in dünne Streifen schneiden. Weintrauben waschen, halbieren, entkernen.

2. Für die Salatsauce den Frischkäse mit einer Gabel zerdrücken. Dann mit dem Tomatenmark und 4-5 EL Milch verrühren. Mit Salz und Pfeffer abschmecken.

3. Die Chicoréespitzen auf zwei Tellern oder in Schälchen kreisrund anrichten. Die Chicoréestreifen jeweils in die Mitte setzen. Alles mit der Sauce beträufeln. Die Traubenhälften gleichmäßig darauf verteilen.

TIPP

Chicorée gibt es mit gelben und mit rot geränderten Blättern. Sein zart-bitterer Geschmack macht die feine Gemüsespezialität unverwechselbar. Er sollte kühl und dunkel gelagert werden.

Nährwerte pro Portion:

150 kcal • **9 g** Eiweiß • **4 g** Fett • **22 g** Kohlenhydrate • **2 g** Ballaststoffe • ca. **2** KHE/BE

Lauwarmer Wirsingsalat

FÜR 2 PERSONEN
400 g junger Wirsing
1 kleine rote Paprikaschote
4 EL Orangensaft
3 EL Weißweinessig
Salz, Pfeffer
1/2 TL mittelscharfer Senf
1 EL Olivenöl

ZUBEREITUNG: ca. 20 Min.

1. Vom Wirsing die äußeren unansehlichen Blätter entfernen. Die restlichen Blätter ablösen, waschen und die Mittelrippen herausschneiden. Die Blätter in dünne Streifen schneiden. In kochendem Salzwasser 3 Min. blanchieren. Abgießen, kalt abschrecken, abtropfen lassen.

2. Die Paprikaschote vierteln, putzen und waschen. Paprikaviertel quer in möglichst feine Streifen schneiden.

3. Den Orangensaft mit 2 EL Essig, Salz, Pfeffer, Senf und Öl zu einer Sauce verrühren. Mit dem restlichen Essig abschmecken.

4. Den warmen Wirsing mit den Paprikastreifen und der Sauce locker vermischen. Den Salat mit Salz und Pfeffer abschmecken und noch lauwarm servieren.

UND DAZU BROT

Stimmen Sie die Menge auf Ihren Kohlenhydratbedarf ab: 1/2 Scheibe Brot oder 1/2 Brötchen (je ca. 25 g) liefern 1 KHE/BE.

Nährwerte pro Portion:

115 kcal • **6 g** Eiweiß • **6 g** Fett • **10 g** Kohlenhydrate • **6 g** Ballaststoffe • ca. **1** KHE/BE

Kichererbsen-Salat mit Kräuterdressing

FÜR 2 PERSONEN

- 1 Dose Kichererbsen (250 g Abtropfgewicht)
- 250 g Kirschtomaten
- 2 Frühlingszwiebeln
- 1 Zweig Minze (ersatzweise Basilikum)
- 1/2 Bund glatte Petersilie
- 150 g Joghurt (3,5 % Fett)
- 2 EL Zitronensaft
- abgeriebene Schale von 1/4 unbehandelten Zitrone
- 1 kleine Knoblauchzehe
- 1 EL Olivenöl
- Salz, Pfeffer
- 2 Msp. gemahlener Kreuzkümmel (ersatzweise gemahlener Piment)
- 2 Msp. Cayennepfeffer

ZUBEREITUNG: ca. 20 Min.
MARINIERZEIT: ca. 30 Min.

1. Die Kichererbsen abgießen, kalt abbrausen und abtropfen lassen. Die Tomaten waschen. Die Frühlingszwiebeln putzen, waschen und fein hacken.
2. Die Minze und die Petersilie waschen, trockenschütteln und die Blättchen fein hacken. Die Kräuter, den Joghurt, den Zitronensaft und die Zitronenschale mit dem Stabmixer zu einem hellgrünen Dressing aufmixen. Die Knoblauchzehe schälen und dazupressen. Das Öl darunter rühren. Mit Salz, Pfeffer, Kreuzkümmel und Cayennepfeffer würzen und abschmecken.
3. Kichererbsen, Tomaten und Frühlingszwiebeln in eine Schüssel geben. Das Kräuterdressing darüber gießen und alles locker vermischen. Den Kichererbsen-Salat bei Zimmertemperatur zugedeckt 30 Min. ziehen lassen.

Nährwerte pro Portion:

295 kcal • **16 g** Eiweiß • **10 g** Fett • **35 g** Kohlenhydrate • **15 g** Ballaststoffe • ca. **3** KHE/BE

Couscous-Salat

FÜR 2 PERSONEN

- 200 g Möhren
- 200 ml Gemüsebrühe
- 100 g Instant-Couscous (grober Weizengrieß, vorgekocht)
- 1 1/2 EL Olivenöl
- 5 EL Zitronensaft
- Salz, Pfeffer
- 2 Frühlingszwiebeln
- 250 g Tomaten
- 1/2 Bund Dill

ZUBEREITUNG: ca. 20 Min.

1. Die Möhren putzen, schälen und klein würfeln. In der Brühe 2 Min. köcheln lassen. Couscous in eine Schüssel geben und mit der kochenden Brühe mitsamt den Möhren übergießen. Das Öl und 3 EL Zitronensaft unterrühren. Den Couscous mit Salz und Pfeffer würzen und ca. 10 Min. quellen lassen.
2. Inzwischen die Frühlingszwiebeln putzen, waschen und in dünne Ringe schneiden. Die Tomaten waschen und klein würfeln. Den Dill waschen, trockenschütteln und bis auf ein einige Spitzen fein hacken.
3. Den Couscous mit einer Gabel auflockern. Die Frühlingszwiebeln, die Tomaten und den Dill unterheben. Den Salat mit Salz und Pfeffer würzen und mit dem übrigen Zitronensaft leicht säuerlich abschmecken. Mit den Dillspitzen garniert servieren.

TIPP

Couscous erhalten Sie in gut sortierten Supermärkten, in türkischen oder griechischen Lebensmittelläden. Bereits vorgekochter Couscous muss nicht mehr garen, sondern nur noch quellen.

Nährwerte pro Portion:

300 kcal • **8 g** Eiweiß • **10 g** Fett • **44 g** Kohlenhydrate • **9 g** Ballaststoffe • ca. **4** KHE/BE

Orientalischer Möhrensalat

FÜR 2 PERSONEN

1 EL Rapsöl
1/2 TL gemahlener Kardamom
1/2 TL Ingwerpulver
4 EL Dickmilch
300 g Möhren
1 EL geröstete ungesalzene Erdnüsse
Salz
1 EL Schnittlauchröllchen

ZUBEREITUNG: ca. 20 Min.

1. Das Öl in einer Pfanne erhitzen. Kardamom und Ingwer darin kurz rösten. Vom Herd nehmen und unter die Dickmilch rühren.
2. Die Möhren putzen, schälen und raspeln. Die Erdnüsse grob hacken. Möhren, Dickmilch und Erdnüsse vermischen. Den Salat mit Salz würzen und mit Schnittlauch bestreut servieren.

TIPP

Der Möhrensalat lässt sich prima als kalter Imbiss mit an den Arbeitsplatz nehmen. Dafür in ein Gefäß mit gut schließendem Deckel füllen und bis zum Essen im Kühlschrank aufbewahren.

Nährwerte pro Portion:

120 kcal • **4 g** Eiweiß • **8 g** Fett • **8 g** Kohlenhydrate • **5 g** Ballaststoffe • ca. **0,5** KHE/BE

Gemüsesalat mit Joghurt

FÜR 2 PERSONEN
250 g Zucchini
1 große Tomate
1 kleine Zwiebel
150 g Joghurt (3,5 % Fett)
1/2 TL fein gehackter frischer Ingwer
Salz, Pfeffer
1 EL gehackte Mandeln
1 EL kleine Petersilienblättchen

ZUBEREITUNG: ca. 15 Min.

1. Die Zucchini und die Tomate waschen und putzen. Beides in kleine Würfel schneiden. Die Zwiebel schälen, halbieren und in dünne Streifen schneiden.
2. Den Joghurt und den Ingwer verrühren.Die Zucchini- und die Tomatenwürfel, die Zwiebelstreifen und die Mandeln darunter rühren. Den Salat mit Salz und Pfeffer würzen. Zuletzt die Petersilienblättchen untermischen.

TIPP

Im Nu zubereitet: Ein idealer Snack für alle, die mehrere kleine Mahlzeiten über den Teig verteilt essen möchten oder müssen.

Nährwerte pro Portion:

100 kcal • **6 g** Eiweiß • **6 g** Fett • **7 g** Kohlenhydrate • **2 g** Ballaststoffe • ca. **0,5** KHE/BE

Orangensalat mit Zwiebeln

FÜR 2 PERSONEN
2 kleine Orangen
1 kleine weiße Zwiebel
1 rote Zwiebel
2 Frühlingszwiebeln
2 EL Zitronensaft
1 1/2 EL Olivenöl
1 TL fein gehackte Rosmarinnadeln
Salz, Pfeffer

ZUBEREITUNG: ca. 20 Min.
MARINIERZEIT: 1 Std.

1. Die Orangen schälen und die Filets aus den Trennhäuten schneiden, dabei den Saft auffangen. Die Zwiebeln schälen, halbieren und in dünne Streifen schneiden. Frühlingszwiebeln waschen, putzen und schräg in feine Ringe schneiden.
2. Aufgefangenen Orangensaft, Zitronensaft, Öl, Rosmarin, Salz und Pfeffer zu einer Sauce verrühren. Orangenfilets, Zwiebeln und Frühlingszwiebeln gut vermischen. Die Sauce gleichmäßig darüber gießen. Den Salat zugedeckt 1 Std. ziehen lassen. Vor dem Servieren abschmecken.

UND DAZU BROT

Stimmen Sie die Menge auf Ihren Kohlenhydratbedarf ab: 1/2 Scheibe Brot oder 1/2 Brötchen (je ca. 25 g) liefern 1 KHE/BE.

TIPP

Ideal auch als Pausen-Imbiss: Der Salat beugt Heißhunger vor und hält den Blutzuckerspiegel konstant.

Nährwerte pro Portion:

120 kcal • **1 g** Eiweiß • **8 g** Fett • **12 g** Kohlenhydrate • **2 g** Ballaststoffe • ca. **1** KHE/BE

Rote Linsensuppe mit Petersilienöl

FÜR 2 PERSONEN
125 g rote Linsen
1 Schalotte
1 Knoblauchzehe
2 1/2 EL Olivenöl
600 ml Gemüsebrühe
1 Lorbeerblatt
4 Zweige Petersilie
1 Msp. Cayennepfeffer
Salz, Pfeffer
1 EL Zitronensaft

ZUBEREITUNG: ca. 30 Min.

1. Die Linsen waschen und abtropfen lassen. Die Schalotte und den Knoblauch schälen und fein hacken.
2. In einem Topf 1/2 EL Öl erhitzen. Die Schalotten und den Knoblauch darin glasig werden lassen. Die Linsen zugeben und kurz mitdünsten. Die Brühe zugießen und das Lorbeerblatt hinzufügen. Die Suppe zugedeckt bei schwacher Hitze ca. 20 Min. köcheln lassen.
3. Die Petersilie waschen, gut trockenschütten und die Blätter fein hacken. Den Cayennepfeffer und die Petersilie unter das restliche Öl rühren. Das Lorbeerblatt aus der Suppe entfernen. Dann die Suppe mit Salz, Pfeffer und Zitronensaft abschmecken und mit dem Stabmixer fein pürieren. Die Suppe mit dem Petersilienöl beträufelt servieren.

TIPP

Zur Abwechslung statt Petersilie frische Minzeblättchen für das Kräuteröl nehmen.

Nährwerte pro Portion:

375 kcal • **15 g** Eiweiß • **16 g** Fett • **40 g** Kohlenhydrate • **10 g** Ballaststoffe • ca. **4** KHE/BE

Gersten-Gemüse-Suppe

FÜR 2 PERSONEN
1 kleine Zwiebel
2 TL Rapsöl
50 g Perlgraupen
1 Nelke
1 Msp. getrockneter Liebstöckel
600 ml Gemüsebrühe
1/2 Stange Lauch (ca. 100 g)
1 Stück Knollensellerie (ca. 60 g)
Salz, Pfeffer
1 Msp. frisch geriebene Muskatnuss
1 Spritzer Zitronensaft
2 TL saure Sahne
1 EL Schnittlauchröllchen

ZUBEREITUNG: ca. 45 Min.

1. Die Zwiebel schälen und fein würfeln. Das Öl in einem Topf erhitzen. Die Zwiebel darin glasig werden lassen. Die Perlgraupen zufügen und kurz mitdünsten. Mit Nelke und Liebstöckel würzen. Die Brühe zugießen und die Suppe zugedeckt bei schwacher Hitze 25 Min. köcheln lassen.
2. Inzwischen den Lauch putzen, längs halbieren, waschen und in feine Ringe schneiden. Den Sellerie schälen und klein würfeln. Das Gemüse zu den Graupen geben und die Suppe zugedeckt weitere 15 Minuten köcheln lassen.
3. Die Suppe mit Salz, Pfeffer, Muskatnuss und Zitronensaft abschmecken. Mit der sauren Sahne anrichten und mit dem Schnittlauch bestreuen.

VARIANTE

Wer mag, bereitet die Suppe mit Gerstenkörnern zu: 50 g Gerste über Nacht in 600 ml Wasser einweichen. Im Einweichwasser etwa 1 Std. garen. Dann Gewürze, Brühenextrakt und Gemüse zugeben und die Suppe fertig kochen.

Nährwerte pro Portion:

215 kcal • **4 g** Eiweiß • **9 g** Fett • **26 g** Kohlenhydrate • **5 g** Ballaststoffe • ca. **2** KHE/BE

Topinambursuppe

FÜR 2 PERSONEN

300 g Topinambur (ersatzweise 250 g Knollensellerie, siehe Tipp)
2 Frühlingszwiebeln
1 kleine Knoblauchzehe
1 kleine Möhre
1 EL Rapsöl
400 ml Gemüsebrühe
100 ml fettarme Milch (1,5 % Fett)
Kräutersalz, Pfeffer
1 Spritzer Zitronensaft
2 TL Walnussöl (ersatzweise Olivenöl)

ZUBEREITUNG: ca. 35 Min.

1. Den Topinambur waschen und in kochendem Wasser ca. 20 Min. zugedeckt garen. Die Frühlingszwiebeln putzen, waschen und hacken. Den Knoblauch schälen und fein würfeln. Die Möhre putzen, schälen und raspeln. Topinambur abgießen und kurz abkühlen lassen, dann schälen und klein würfeln.
2. Das Öl in einem Topf erhitzen. Die Frühlingszwiebeln und den Knoblauch ca. 5 Min. darin dünsten. Den Topinambur zufügen und kurz mitdünsten. Brühe und Milch zugießen. Einmal aufkochen lassen. Dann mit etwas Kräutersalz, Pfeffer und Zitronensaft würzen und abschmecken.
3. Die Topinambursuppe mit dem Stabmixer fein pürieren. Mit den Möhrenraspeln bestreut und mit dem Walnussöl beträufelt heiß servieren.

TIPP

Topinambur wird in gut sortierten Gemüseabteilungen und in Bioläden angeboten. Wer keinen erhält, verwendet stattdessen Knollensellerie. Den Sellerie schälen, in 1 cm große Würfel schneiden und mit den Frühlingszwiebeln dünsten. Brühe und Milch zugießen und die Suppe ca. 15 Min. köcheln lassen, dann würzen und abschmecken.

Nährwerte pro Portion:

310 kcal • **14 g** Eiweiß • **15 g** Fett • **28 g** Kohlenhydrate • **11 g** Ballaststoffe • ca. **2,5** KHE/BE

Französische Zwiebelsuppe

FÜR 2 PERSONEN

250 g Zwiebeln
2 EL Rapsöl
1 EL Weizen-Vollkornmehl
500 ml Geflügelbrühe (ersatzweise Gemüsebrühe)
100 ml trockener Weißwein (ersatzweise 100 ml Gemüsebrühe und 1 TL Zitronensaft)
Salz, Pfeffer
1 Msp. gemahlener Kümmel
1 Lorbeerblatt
2 Scheiben Vollkorntoast
25 g geriebener Gruyère oder Emmentaler
1 TL gehackte Petersilie

ZUBEREITUNG: ca. 30 Min.

1. Die Zwiebeln schälen, halbieren und in feine Scheiben schneiden. 1 EL Öl in einem Topf erhitzen. Die Zwiebeln darin hellbraun düns-ten. Das Mehl darüber stäuben und kurz anschwitzen. Brühe und Wein dazugießen. Mit Salz, Pfeffer, Kümmel und Lorbeer würzen. Aufkochen und zugedeckt 15 Min. köcheln lassen.
2. Den Backofen auf 225° (Oberhitze) vorheizen oder den Ofengrill einschalten. Die Brotscheiben in Würfel schneiden. Übriges Öl in einer beschichteten Pfanne erhitzen. Die Brotwürfel darin rundum knusprig braten. Den Käse und die Petersilie vermischen.
3. Die Suppe in feuerfeste Suppenschalen geben und die Brotwürfel darauf verteilen. Mit der Käse-Kräuter-Mischung bestreuen. Im Ofen (Mitte, Umluft ungeeignet) ca. 3 Min. überbacken.

Nährwerte pro Portion:

345 kcal • **8 g** Eiweiß • **18 g** Fett • **30 g** Kohlenhydrate • **6 g** Ballaststoffe • ca. **3** KHE/BE

Asia-Gemüsesuppe

FÜR 2 PERSONEN

50 g Fadennudeln, Salz
1 Knoblauchzehe
2 TL Sonnenblumenöl
500 ml Gemüsebrühe
200 g tiefgekühlte grüne Bohnen
1 Päckchen tiefgekühltes Suppengrün (ca. 50 g)
3 EL helle Sojasauce
1 EL Limettensaft (ersatzweise Zitronensaft)
1 TL Sesamöl
Pfeffer
1 EL Röstzwiebeln (Fertigprodukt)

ZUBEREITUNG: ca. 25 Min.

1. Die Nudeln nach Packungsanleitung in reichlich Salzwasser bissfest garen. Dann abgießen und gut abtropfen lassen.
2. Den Knoblauch schälen und fein hacken. Sonnenblumenöl in einem Topf erhitzen. Den Knoblauch darin goldgelb dünsten. Brühe zugießen. Bohnen und Suppengrün zufügen. Alles einmal aufkochen und zugedeckt bei mittlerer Hitze köcheln lassen, bis die Bohnen gar sind.
3. Die Suppe mit Sojasauce, Limettensaft, Sesamöl und Pfeffer würzen und abschmecken.
4. Die Nudeln in Suppenschalen verteilen. Mit der heißen Gemüsesuppe aufgießen. Mit den Röstzwiebeln bestreut servieren.

TIPP

Wenn Sie Zitronengras und frischen Koriander mögen, greifen Sie zu! Das Zitronengras in der Suppe mitköcheln lassen. Die Korianderblättchen vor dem Servieren über die Suppe streuen.

Nährwerte pro Portion:

265 kcal • **8 g** Eiweiß • **10 g** Fett • **34 g** Kohlenhydrate • **6 g** Ballaststoffe • ca. **3** KHE/BE

Schnelle Tomatensuppe

FÜR 2 PERSONEN

1 Zwiebel
1 Knoblauchzehe
1 kleiner Zucchino
1 EL Olivenöl
200 g passierte Tomaten (Fertigprodukt)
200 ml Gemüsebrühe
Salz, Pfeffer
einige Blättchen Basilikum oder Petersilie

ZUBEREITUNG: ca. 20 Min.

1. Die Zwiebel und den Knoblauch schälen und fein hacken. Den Zucchino waschen, putzen und in Würfel schneiden.
2. Das Öl in einem Topf erhitzen. Zwiebel, Knoblauch und Zucchinowürfel kurz darin dünsten. Tomaten und Brühe dazugeben. Mit Salz und Pfeffer würzen.
3. Alles aufkochen und zugedeckt bei schwacher Hitze ca. 7 Min. köcheln lassen. Die Suppe mit Salz und Pfeffer abschmecken. Mit einigen Blättchen Basilikum oder Petersilie bestreut servieren.

TIPP

Die Suppe wird zum leichten Hauptgericht, wenn 200 g gekochter Naturreis in der Tomatensuppe kurz miterhitzt wird. Der KHE/BE-Wert erhöht sich dadurch pro Person um ca. 2 Einheiten.

Nährwerte pro Portion:

105 kcal • **3 g** Eiweiß • **6 g** Fett • **7 g** Kohlenhydrate • **2 g** Ballaststoffe • **0** KHE/BE

Gebratener Radicchio

FÜR 2 PERSONEN
350 g Radicchio
1 kleine rote Zwiebel
1 Orange
3 EL Olivenöl
2 EL Aceto Balsamico
Salz, Pfeffer
30 g Parmaschinken (in hauchdünnen Scheiben)
20 g gehobelter Parmesan
60 g Vollkorn-Grissini

ZUBEREITUNG: ca. 20 Min.

1. Radicchio putzen, waschen, trockenschleudern und längs vierteln, dabei die Strünke keilförmig herausschneiden. Die Zwiebel schälen und in Scheiben schneiden. Die Orange schälen und die Filets aus den Trennhäuten schneiden, dabei den Saft auffangen.
2. In einer beschichteten Pfanne 2 EL Öl erhitzen. Die Radicchioviertel und die Zwiebel darin bei mittlerer Hitze ca. 5 Min. braten, zwischendurch wenden. 1 EL Aceto Balsamico und den aufgefangenen Saft in die Pfanne geben und kurz miterhitzen.
3. Restlichen Aceto Balsamico mit dem übrigen Öl verquirlen. Mit Salz und Pfeffer würzen. Den Radicchio, die Zwiebel, die Orangenfilets und den Schinken auf Tellern anrichten. Mit der Sauce beträufeln und mit dem Parmesan bestreuen. Lauwarm servieren. Dazu die Grissini reichen.

TIPP

Radicchio ist nicht gleich Radicchio. Es gibt die kleinen runden Köpfe, Radicchio di Verona und die länglichen, Radicchio di Treviso. Der zuletzt genannte schmeckt noch eine Spur bitterer und eignet sich besonders gut für dieses Rezept.

Nährwerte pro Portion:
405 kcal • **14 g** Eiweiß • **26 g** Fett • **33 g** Kohlenhydrate • **1 g** Ballaststoffe • ca. **3** KHE/BE

Brokkoli mit Nüssen

FÜR 2 PERSONEN
2 EL Walnusskerne (ersatzweise Haselnusskerne)
400 g Brokkoli
150 ml Gemüsebrühe
1 kleine Zwiebel
1 EL Zitronensaft
1/2 EL Nussöl (ersatzweise Olivenöl)
Salz, Pfeffer

ZUBEREITUNG: ca. 20 Min.

1. Die Nüsse grob hacken und in einer beschichteten Pfanne ohne Fett goldgelb rösten, herausnehmen und beiseite stellen. Den Brokkoli putzen, in kleine Röschen teilen und waschen. Die Brokkolistiele schälen und in dünne Scheiben schneiden.
2. Die Brühe in der Pfanne aufkochen lassen. Brokkoliröschen und Brokkolischeiben darin in 5 Min. bissfest garen. Zwiebel schälen und fein würfeln. 3–4 EL Brokkolibrühe mit dem Zitronensaft, dem Öl und der Zwiebel zu einer Sauce verrühren. Mit Salz und Pfeffer kräftig würzen. Den Brokkoli abgießen, gut abtropfen und etwas abkühlen lassen.
3. Den lauwarmen Brokkoli auf Tellern anrichten. Mit der Sauce beträufeln und mit den Nüssen bestreuen. Das Gemüse lauwarm oder kalt servieren.

UND DAZU BROT

Stimmen Sie die Menge auf Ihren Kohlenhydratbedarf ab: 1/2 Scheibe Brot oder 1/2 Brötchen (je ca. 25 g) liefern 1 KHE/BE.

Nährwerte pro Portion:
140 kcal • **6 g** Eiweiß • **10 g** Fett • **7 g** Kohlenhydrate • **5 g** Ballaststoffe • **0** KHE/BE

Mediterranes Gemüse

FÜR 2 PERSONEN

400 g gemischtes Gemüse (z.B. Bleichsellerie, Paprikaschote, Zucchini und Fenchel)
1 Zweig Rosmarin
1 Zweig Thymian
1/2 Bund glatte Petersilie
1/2 unbehandelte Zitrone
1 EL Olivenöl
4 EL Gemüsebrühe
Salz, Pfeffer

ZUBEREITUNG: ca. 25 Min.

1. Gemüse waschen, putzen und in große Stücke schneiden. Rosmarin, Thymian und Petersilie waschen und trockenschütteln. Ein paar Kräuter beiseite legen, den Rest fein hacken. Die Zitrone heiß waschen und in schmale Spalten schneiden.
2. Gemüse mit den Kräutern, den Zitronenspalten, dem Öl und der Brühe vermischen. Eine große (Grill-) Pfanne heiß werden lassen. Das Gemüse darin ca. 10 Min. bissfest braten, dabei ab und zu wenden.
3. Zitronenspalten entfernen und das Gemüse mit Salz und Pfeffer würzen. Mit den beiseite gelegten Kräutern garnieren.

TIPP

Servieren Sie das Gemüse solo als leichten Imbiss oder als Beilage zu gegrilltem Fleisch oder Fisch. Reichen Sie dazu außerdem Folienkartoffeln. Eine 200 g schwere mit der Schale in Alufolie gebackene Kartoffel liefert ca. 3,5 KHE/BE.

Nährwerte pro Portion:

90 kcal • **3 g** Eiweiß • **6 g** Fett • **5 g** Kohlenhydrate • **6 g** Ballaststoffe • **0** KHE/BE

Blumenkohl mit Kräuter-Curry-Sauce

FÜR 2 PERSONEN

500 g Blumenkohl
Salz
2 EL Zitronensaft
150 g fettarmer Joghurt (1,5 % Fett)
1 TL Maiskeimöl
2 EL gehackte Petersilie
1 TL mildes Currypulver
Pfeffer

ZUBEREITUNG: ca. 20 Min.

1. Den Blumenkohl putzen, in Röschen teilen und waschen. In reichlich kochendem Salzwasser mit 1 EL Zitronensaft in 5–7 Min. bissfest garen. Abgießen, abschrecken und abtropfen lassen.
2. Den Joghurt mit dem Öl und dem übrigen Zitronensaft verrühren. Die Petersilie untermischen. Die Sauce mit 1/2–1 TL Currypulver, Salz und Pfeffer würzen und abschmecken.
3. Den Blumenkohl mit der Sauce lauwarm oder kalt servieren. Oder den Blumenkohl vor dem Servieren noch 10 Min. in der Sauce ziehen lassen.

UND DAZU BROT

Stimmen Sie die Menge auf Ihren Kohlenhydratbedarf ab: 1/2 Scheibe Brot oder 1/2 Brötchen (je ca. 25 g) liefern 1 KHE/BE.

VARIANTE

Blumenkohl lässt sich auch gut als aromatische Rohkost zubereiten. Dafür den Kopf putzen, waschen und grob raspeln. Sofort mit der Curry-Sauce vermischen. Dieser Salat passt sehr gut zu gegrilltem Geflügel oder Fisch.

Nährwerte pro Portion:

95 kcal • **6 g** Eiweiß • **4 g** Fett • **7 g** Kohlenhydrate • **5 g** Ballaststoffe • **0** KHE/BE

Fenchel und Tomaten mit Parmesan

ZUTATEN FÜR 2 PERSONEN

2 Fenchelknollen (ca. 400 g)
200 g Tomaten
2 TL Olivenöl
2 EL Gemüsebrühe
Salz
grob gemahlener Pfeffer
40 g Parmesan am Stück

ZUBEREITUNG ca.: 25 Min.

1. Den Fenchel waschen und putzen. Das zarte Grün beiseite legen. Dann die Fenchelknollen längs vierteln und in hauchdünne Scheiben hobeln.
2. Die Tomaten waschen und in Scheiben schneiden. Das Fenchelgrün grob hacken. Öl und Brühe mit etwas Salz und Pfeffer zu einer Sauce aufschlagen.
3. Die Tomaten- und die Fenchelscheiben auf Tellern anrichten und mit der Sauce beträufeln. Mit dem Fenchelgrün bestreuen und den Parmesan darüber hobeln.

TIPP

Vegetarischer Gaumenkitzel auf italienische Art, damit auch zwischen den Hauptmahlzeiten der Blutzuckerspiegel ausgeglichen bleibt.

Nährwerte pro Portion:

175 kcal • **12 g** Eiweiß • **11 g** Fett • **6 g** Kohlenhydrate • **8 g** Ballaststoffe • **0** KHE/BE

Blattspinat in Sesamsauce

FÜR 2 PERSONEN

250 g tiefgekühlter Blattspinat
2 TL geschälte Sesamsamen
2 EL Sesampaste (aus dem Glas)
2 EL helle Sojasauce
1/2 TL Zucker
Salz

ZUBEREITUNG: ca. 20 Min.

1. Den Spinat nach Packungsangabe zubereiten. Die Sesamsamen in einer beschichteten Pfanne ohne Fett unter Rühren kurz rösten.
2. Die Sesampaste mit der Sojasauce, dem Zucker und 2–4 EL Wasser glatt rühren. Den Spinat gut abtropfen lassen, eventuell noch ausdrücken. Dann mit der Sesamsauce vermischen. Mit Salz abschmecken und mit den Sesamsamen bestreut servieren.

TIPP

Das Gemüsegericht aus der asiatischen Küche schmeckt zwischendurch ebenso gut wie als Vorspeise zu Entenbrust mit Brokkoli und Nüssen, siehe Seite 98.

Nährwerte pro Portion:

155 kcal • **7 g** Eiweiß • **10 g** Fett • **10 g** Kohlenhydrate • **1 g** Ballaststoffe • ca. **0,5** KHE/BE

Überbackene Aubergine

FÜR 2 PERSONEN

1 Aubergine (ca. 300 g)
2 EL Olivenöl
300 g Tomaten
1 Knoblauchzehe
30 g geriebener Pecorino
1 EL gehacktes Basilikum
2 Scheiben Sonnenblumen-Vollkornbrot (à 60 g)
Salz, Pfeffer
50 ml Gemüsebrühe

ZUBEREITUNG: ca. 25 Min.
BACKZEIT: ca. 35 Min.

1. Die Aubergine putzen, waschen und quer in 1/2 cm dicke Scheiben schneiden. 1 EL Öl in einer beschichteten Pfanne erhitzen. Die Auberginenscheiben darin portionsweise auf beiden Seiten anbraten.
2. Die Tomaten waschen und in Scheiben schneiden. Den Knoblauch schälen und fein würfeln. Knoblauch, Käse und Basilikum vermischen. Den Backofen auf 200° vorheizen. Eine feuerfeste Form mit etwas Öl auspinseln.
3. Das Brot in ca. 3 cm große Quadrate schneiden. Die Auberginen- und Tomatenscheiben sowie das Brot dachziegelartig in die Form schichten. Mit Salz und Pfeffer würzen. Die Käse-Kräuter-Mischung darüber streuen. Mit der Brühe und dem restlichen Öl beträufeln. Im Ofen (Mitte, Umluft 180°) ca. 35 Min. backen. Mit Basilikum garniert servieren.

Nährwerte pro Portion:

410 kcal • **13 g** Eiweiß • **26 g** Fett • **29 g** Kohlenhydrate • **7 g** Ballaststoffe • ca. **3** KHE/BE

Kohlrabi-Kartoffel-Gratin

ZUTATEN FÜR 2 PERSONEN

600 g Kohlrabi
200 g fest kochende Kartoffeln
1 EL gehackte Petersilie
Salz, Pfeffer
1/2 TL Öl
100 ml Sojasahne (z.B. Soja-cuisine oder Soja dream)
250 ml fettarme Milch (1,5 % Fett)
1 Pr. frisch geriebene Muskatnuss

ZUBEREITUNG: ca. 25 Min.
BACKZEIT: ca. 35 Min.

1. Den Kohlrabi und die Kartoffeln schälen und putzen. Zartes Kohlrabigrün beiseite legen. Kohlrabi vierteln. Kohlrabiviertel und Kartoffeln in dünne Scheiben schneiden (am besten mit dem Gemüsehobel). Kohlrabi, Kartoffeln und Petersilie miteinander vermischen. Mit Salz und Pfeffer würzen.
2. Den Backofen auf 200° vorheizen. Eine flache feuerfeste Form mit dem Öl auspinseln. Kohlrabi-Kartoffel-Mischung in die Form füllen. Die Oberfläche glatt streichen. Die Sojasahne mit der Milch verrühren. Mit Salz, Pfeffer und Muskatnuss kräftig würzen. Dann gleichmäßig über das Gemüse gießen.
3. Das Gemüse im Ofen (Mitte, Umluft 180°) ca. 35 Min. goldgelb überbacken. Mit gehacktem Kohlrabigrün bestreut servieren.

TIPP

Sojasahne ist eine pflanzliche Alternative zu Créme fraîche und Sahne. Sie ist cholesterinfrei sowie reich an mehrfach ungesättigten Fettsäuren.

Nährwerte pro Portion:

280 kcal • **11 g** Eiweiß • **12 g** Fett • **32 g** Kohlenhydrate • **6 g** Ballaststoffe • ca. **3** KHE/BE

Käse-Zucchini-Päckchen

FÜR 2 PERSONEN
150 g Feta
2 Zucchini
Salz
2 TL Olivenöl
Pfeffer
1 Msp. edelsüßes Paprikapulver
200 g stückige Tomaten mit Kräutern (Fertigprodukt)
ZUBEREITUNG: ca. 30 Min.

1. Den Backofen auf 175° vorheizen. Den Käse in vier gleich große Streifen schneiden.Die Zucchini waschen, putzen und der Länge nach in 3 mm dünne Scheiben schneiden. In Salzwasser 20 Sek. blanchieren, dann abschrecken und abtropfen lassen.

2. Je 2–3 Zuchinischeiben überlappend um den Käse wickeln. Die Päckchen nebeneinander in eine feuerfeste Form legen. Das Öl mit etwas Salz, Pfeffer und edelsüßem Paprika verrühren. Die Päckchen damit gleichmäßig bestreichen. Im Ofen (Mitte, Umluft 160°) ca. 15 Min. backen.

3. Inzwischen die Tomaten erhitzen. Übrige Zucchinischeiben in Streifen schneiden und dazugeben. Die Sauce mit Salz und Pfeffer kräftig abschmecken. Die Käse-Zucchini-Päckchen auf der Tomatensauce anrichten.

UND DAZU BROT

Stimmen Sie die Menge auf Ihren Kohlenhydratbedarf ab: 1/2 Scheibe Brot oder 1/2 Brötchen (je ca. 25 g) liefern 1 KHE/BE.

Nährwerte pro Portion:

260 kcal • **24 g** Eiweiß • **18 g** Fett • **6 g** Kohlenhydrate • **1 g** Ballaststoffe • **0** KHE/BE

Pikante Bratäpfel

FÜR 2 PERSONEN
150 g Zwiebeln
1 Zweig Salbei
2 Äpfel (à 200 g, z.B. Cox Orange)
1 TL Zitronensaft
2 TL Halbfettbutter
Pfeffer
Alufolie
ZUBEREITUNG: ca. 20 Min.
BACKZEIT: 25 Min.

1. Den Backofen auf 175° vorheizen. Die Zwiebeln schälen und fein würfeln. Den Salbei waschen, trockenschütteln und die Blättchen in Streifen schneiden.

2. Die Äpfel waschen, trocken reiben und jeweils an der Stielseite einen Deckel abschneiden. Mit einem Apfelausstecher das Kerngehäuse entfernen, dabei die Äpfel nicht ganz durchstechen. Die Öffnung jeweils etwas vergrößern und mit Zitronensaft bepinseln. Das entfernte Fruchtfleisch klein hacken.

3. In einer beschichteten Pfanne 1 TL Fett zerlassen. Die Zwiebeln und den Salbei darin dünsten, bis die Zwiebeln leicht bräunlich sind. Das gehackte Apfelfruchtfleisch untermischen. Die Zwiebel-Apfel-Mischung mit Pfeffer würzen und in die Äpfel füllen. Die Apfeldeckel darauf setzen.

4. Den Boden einer kleinen feuerfesten Form mit Alufolie auslegen. Äpfel hineinsetzen und mit dem restlichen Fett bepinseln. Im Ofen (Mitte, Umluft 160°) ca. 25 Min. backen.

TIPP

Diese Bratäpfel können Sie auch als Beilage zu kurz gebratenem Fleisch servieren.

Nährwerte pro Portion:

140 kcal • **1 g** Eiweiß • **3 g** Fett • **29 g** Kohlenhydrate • **6 g** Ballaststoffe • ca. **3** KHE/BE

Gemüsereis

mit wachsweichen Eiern

FÜR 2 PERSONEN

100 g Langkorn-Naturreis (parboiled)
150 g tiefgekühlter Blattspinat
150 g Lauch
2 Möhren
1 Kohlrabi
1 kleine Zwiebel
1 EL Rapsöl
Salz, Pfeffer
100 ml Gemüsebrühe
2 Eier (Größe M)
2 EL Joghurt (3,5 % Fett)
1 EL gehackte Petersilie

ZUBEREITUNG: ca. 35 Min.

1. Reis und Spinat jeweils nach Packungsangabe zubereiten. Dann beides abtropfen lassen.
2. Den Lauch putzen, längs aufschneiden, gründlich waschen und schräg in dünne Scheiben schneiden. Die Möhren und den Kohlrabi putzen und schälen. Die Möhren schräg in Scheiben, den Kohlrabi in Stifte schneiden. Die Zwiebel schälen und würfeln.
3. Das Öl in einem Topf erhitzen. Die Zwiebel, den Lauch, die Möhren und den Kohlrabi 5 Min. darin dünsten. Mit Salz und Pfeffer würzen. Die Brühe zugießen und das Gemüse zugedeckt noch 5–7 Min. weitergaren.
4. Inzwischen die Eier in 7 Min. wachsweich kochen. Den Spinat zusammen mit dem Joghurt unter das Gemüse rühren. Reis, Gemüse und Petersilie locker vermischen. Mit Salz und Pfeffer würzen. Auf Tellern anrichten. Die Eier abschrecken, pellen, auf den Reis setzen und halbieren.

TIPP

Eier der Gewichtsklasse M sind nach 7 Minuten wachsweich. Bei kleineren oder größeren Eiern verkürzt beziehungsweise verlängert sich die Garzeit jeweils um ca. 1 Minute.

Nährwerte pro Portion:

370 kcal • **15 g** Eiweiß • **11 g** Fett • **50 g** Kohlenhydrate • **6 g** Ballaststoffe • ca. **5** KHE/BE

Spinatknödelchen mit Tomatensauce

FÜR 2 PERSONEN
250 g tiefgekühlter Blattspinat
5 Scheiben Vollkorn-Toastbrot
2 Schalotten
1 Knoblauchzehe
2 EL Olivenöl
1 Ei (Größe M)
5 EL fettarme Milch (1,5 % Fett)
30 g Vollkorn-Semmelbrösel
Salz, Pfeffer
1 Pr. frisch geriebene Muskatnuss
1/2 TL getrockneter Oregano
1 Dose Pizza-Tomaten (Inhalt 400 g)

ZUBEREITUNG: ca. 40 Min.

1. Den Spinat auftauen lassen. Das Brot in 1 cm große Würfel schneiden. 1 Schalotte schälen und fein würfeln. Den Knoblauch schälen und fein hacken. 1 EL Öl in einer Pfanne erhitzen. Die Schalotte und den Knoblauch darin glasig werden lassen. Die Brotwürfel dazugeben und ca. 5 Min. rösten. Herausnehmen und abkühlen lassen.

2. Ei und Milch verquirlen, über die Brotmischung gießen und ca. 5 Min. ziehen lassen. Den Spinat gut ausdrücken und fein hacken. Spinat und Semmelbrösel zum Brot geben. Mit Salz, Pfeffer und Muskatnuss würzen. Alles zu einem Teig verarbeiten und daraus 8 Knödel formen. Salzwasser in einem Topf zum Kochen bringen. Die Knödel bei schwacher Hitze zugedeckt ca. 10 Min. darin gar ziehen lassen.

3. Restliche Schalotte schälen, und fein würfeln. Übriges Öl erhitzen und die Schalotte darin glasig werden lassen. Oregano und Tomaten zufügen und alles 5 Min. köcheln lassen. Mit Salz und Pfeffer würzen. Die Knödel herausnehmen und abtropfen lassen. Mit der Tomatensauce anrichten. Sofort servieren.

Nährwerte pro Portion:

415 kcal • **19 g** Eiweiß • **16 g** Fett • **47 g** Kohlenhydrate • **5 g** Ballaststoffe • ca. **5** KHE/BE

Hirse mit Ratatouille-Gemüse

FÜR 2 PERSONEN
1 rote Paprikaschote
2 kleine Zucchini
1 kleine Aubergine (ca. 200 g)
1 Zwiebel
300 ml Gemüsebrühe
120 g Hirse
2 EL Olivenöl
250 g Tomaten
1 Knoblauchzehe
2 TL gehackter Thymian
1 TL gehackte Rosmarinnadeln
Salz, schwarzer Pfeffer
2 EL trockener Roséwein (ersatzweise Gemüsebrühe)
einige Blätter Basilikum

ZUBEREITUNG: ca. 45 Min.

1. Die Paprikaschote vierteln, putzen, waschen und quer in Streifen schneiden. Die Zucchini und die Aubergine waschen, putzen und in 1 cm große Würfel schneiden. Die Zwiebel schälen und würfeln. Brühe aufkochen lassen und die Hirse ca. 25 Min. darin garen.

2. Inzwischen 1 EL Öl in einer Kasserolle erhitzen. Die Aubergine 10 Min. darin braten, dabei ab und zu wenden. In einer beschichteten Pfanne das übrige Öl erhitzen. Die Zwiebel kurz darin dünsten. Die Zucchini und die Paprikaschote hinzufügen und 5 Min. mitbraten, dabei ab und zu wenden.

3. Die Tomaten waschen und grob würfeln. Den Knoblauch schälen und fein hacken. Die Aubergine mit Thymian, Rosmarin und Knoblauch würzen. Dann die Tomaten und das Zucchini-Paprika-Gemüse darunter mischen. Alles mit Salz und Pfeffer würzen und den Wein zugießen. Das Gemüse zugedeckt ca. 10 Min. schmoren lassen. Hirse mit dem Gemüse anrichten. Mit einigen Blättern Basilikum garniert servieren.

Nährwerte pro Portion:

410 kcal • **10 g** Eiweiß • **15 g** Fett • **55 g** Kohlenhydrate • **11 g** Ballaststoffe • ca. **5** KHE/BE

Spitzkohlrouladen

mit Bulgurfüllung

FÜR 2 PERSONEN

1 Schalotte
1 Knoblauchzehe
2 EL Olivenöl
100 g Bulgur (Weizengrütze)
1 EL Tomatenmark
1/4 TL edelsüßes Paprikapulver
1/2 TL gehackter Oregano
Salz, Pfeffer
300 ml Gemüsebrühe
8 schöne Spitzkohlblätter
20 g geriebener Parmesan
2 EL gehackte glatte Petersilie
2 TL Zitronensaft
75 ml frisch gepresster Orangensaft
1 EL saure Sahne
1 TL Weizen-Vollkornmehl
1 Msp. Safranpulver
einige rosa Pfefferkörner
Küchengarn

ZUBEREITUNG: ca. 50 Min.

1. Die Schalotte und den Knoblauch schälen und fein hacken. 1/2 EL Öl in einem Topf erhitzen. Schalotte und Knoblauch darin glasig werden lassen. Bulgur und das Tomatenmark zugeben. Mit edelsüßem Paprika, Oregano, Salz und Pfeffer würzen. 200 ml Brühe zugießen und den Bulgur zugedeckt ca. 15 Min. garen.

2. Die Spitzkohlblätter waschen. Reichlich leicht gesalzenes Wasser aufkochen lassen. Die Blätter ca. 1 Min. darin blanchieren, abgießen und abschrecken. Die harten Mittelrippen keilförmig herausschneiden.

3. Den Parmesan, 1 EL Petersilie und 1 TL Zitronensaft unter den Bulgur rühren. Spitzkohlblätter auf der Arbeitsfläche ausbreiten. Jeweils ein Achtel der Füllung in die Blattmitte geben. Die Blattseiten über der Füllung zusammenschlagen und jedes Blatt zu einer Roulade aufrollen. Dann mit Küchengarn umbinden.

4. Restliches Öl in einer Kasserolle erhitzen. Spitzkohlrouladen rundum darin anbraten. Mit der übrigen Brühe ablöschen. Zugedeckt bei schwacher Hitze ca. 25 Min. schmoren lassen.

5. Den Orangensaft, die saure Sahne und das Mehl verquirlen. Die Rouladen herausnehmen. Saft-Mischung in den Schmorsud gießen, unter Rühren erhitzen und ca. 3 Min. köcheln lassen. Die Sauce mit Safran, Salz, Pfeffer und dem restlichen Zitronensaft abschmecken. Die übrige Petersilie unterrühren und die Spitzkohlrouladen nochmals kurz in der Sauce erwärmen. Mit rosa Pfeffer bestreut servieren.

TIPP

Die Saison für Spitzkohl ist ziemlich kurz. Stattdessen können Sie auch Weißkohl-, Wirsing- oder Mangoldblätter mit dem Bulgur füllen.

Nährwerte pro Portion:

395 kcal • **12 g** Eiweiß • **17 g** Fett • **50 g** Kohlenhydrate • **16 g** Ballaststoffe • ca. **5** KHE/BE

Spaghetti mit Kürbiskern-Kräuter-Pesto

FÜR 2 PERSONEN

1 Bund glatte Petersilie
2 Knoblauchzehen
2 EL Kürbiskerne
40 g geriebener Parmesan
2 EL Kürbiskernöl
2 EL Rapsöl
Salz, schwarzer Pfeffer
160 g Spaghetti

ZUBEREITUNG: ca. 25 Min.

1. Die Petersilie waschen, gut trockenschütteln und die Blättchen fein hacken. Knoblauch schälen und fein würfeln. Die Kürbiskerne in einer beschichteten Pfanne ohne Fett kurz rösten.

2. Vom Parmesan 2 TL beiseite stellen. Restlichen Parmesan, Petersilie, Knoblauch und Kürbiskerne im kleinen Mixaufsatz oder mit dem Stabmixer zerkleinern.

3. Beide Öle nach und nach im feinen Strahl zugießen. Das Pesto mit Salz und Pfeffer würzen und abschmecken. Die Spaghetti nach Packungsanleitung in reichlich Salzwasser bissfest garen. Dann abgießen und abtropfen lassen. 2 EL Kochwasser unter das Pesto rühren. Die Spaghetti mit dem Pesto anrichten. Mit dem restlichen Parmesan bestreuen.

VARIANTE

Ein Pesto aus 1 Bund Petersilie, 2 Knoblauchzehen, 40 g geriebenem Parmesan, 2 EL gemahlenen Mandeln und 4 EL Rapsöl zubereiten.

Nährwerte pro Portion:

605 kcal • **22 g** Eiweiß • **30 g** Fett • **63 g** Kohlenhydrate • **2 g** Ballaststoffe • ca. **6** KHE/BE

Cannelloni mit Spinatfüllung

FÜR 2 PERSONEN

225 g tiefgekühlter Spinat
100 g Zucchino
125 g Magerquark
1 Ei (Größe S)
1 TL getrockneter Thymian
1 Knoblauchzehe
Salz, Pfeffer
1 Pr. frisch geriebene Muskatnuss
1 TL Öl
12 Vollkorn-Canneloni (120 g, vorgekocht)
1 Zwiebel
370 g stückige Tomaten mit Kräutern (Fertigprodukt)
100 ml Gemüsebrühe
2 EL geriebener Parmesan

ZUBEREITUNG: ca. 35 Min.
BACKZEIT: ca. 35 Min.

1. Den Spinat nach Packungsangabe zubereiten, abtropfen, grob hacken und abkühlen lassen. Dann ausdrücken. Den Zucchino waschen, putzen und fein würfeln. Spinat, Zucchino, Quark, Ei und Thymian in eine Schüssel geben. Den Knoblauch schälen und dazupressen. Alles gut vermischen. Mit Salz, Pfeffer und Muskatnuss kräftig würzen.

2. Den Backofen auf 200° vorheizen. Eine rechteckige feuerfeste Form mit dem Öl auspinseln. Die Spinat-Mischung mit Hilfe eines Teelöffels in die Canneloni füllen. Dann die Cannelloni in die Form legen.

3. Die Zwiebel schälen und fein würfeln. Tomaten, Brühe und Zwiebel verrühren. Mit Salz und Pfeffer würzen. Auf den Cannelloni verteilen. Im Ofen (Mitte, Umluft 180°) ca. 35 Min. backen, bis die Canneloni leicht gebräunt und weich sind. Zur Probe mit einem spitzen Messer einstechen! Mit dem Parmesan bestreuen.

TIPP

Die Cannelloni vor dem Servieren noch 5–10 Min. stehen lassen, damit die weiche Füllung etwas fester werden kann.

Nährwerte pro Portion:

425 kcal • **30 g** Eiweiß • **11 g** Fett • **51 g** Kohlenhydrate • **6 g** Ballaststoffe • ca. **5** KHE/BE

Pizza

mit Artischocken

FÜR 2 PERSONEN

FÜR DEN TEIG

10 g frische Hefe
150 g Weizen-Vollkornmehl
Salz
1 1/2 EL Olivenöl

FÜR DEN BELAG

500 g Tomaten
4 eingelegte Artischockenherzen (Konserve)
50 g Blauschimmelkäse (z.B. Gorgonzola)
6 schwarze entsteinte Oliven
Salz, Pfeffer
1 EL Olivenöl
2 EL Gemüsebrühe
1 EL geriebener Parmesan
einige Blätter Basilikum

ZUBEREITUNG: ca. 30 Min.
BACKZEIT: ca. 20 Min.

1. Für den Teig die Hefe in 90 ml lauwarmem Wasser auflösen. Mit dem Mehl, 1/4 TL Salz und 1 EL Öl verrühren. Alles zu einem glatten elastischen Teig verkneten. Eine runde Tarte- oder Pizzaform (ca. 22 cm Ø) mit dem restlichen Öl auspinseln. Den Teig auf der Arbeitsfläche ausrollen und die Form damit auskleiden.
2. Den Backofen auf 220° vorheizen. Die Tomaten kurz überbrühen, häuten, halbieren und entkernen. Die Artischocken abtropfen lassen und in Scheiben schneiden. Den Käse klein würfeln. Die Oliven halbieren.
3. Die Tomaten, die Artischocken und den Käse auf dem Teigboden verteilen. Mit Salz und Pfeffer würzen. Öl mit der Brühe verrühren und darüber träufeln.
4. Die Pizza im Ofen (unten, Umluft 200°) ca. 20 Min. backen. Mit dem Parmesan und einigen Blättern Basilikum bestreuen. Dazu passt ein grüner Blattsalat mit einem Joghurt-Dressing.

VARIANTE

Die Artischocken können auch durch 150 g kleine blanchierte Brokkoliröschen ersetzt werden.

Nährwerte pro Portion:

500 kcal • **19 g** Eiweiß • **25 g** Fett • **50 g** Kohlenhydrate • **15 g** Ballaststoffe • ca. **5** KHE/BE

Wokgemüse mit Glasnudeln

FÜR 2 PERSONEN

50 g asiatische Glasnudeln
1 kleiner Chinakohl (ca. 300 g)
1 rote Paprikaschote
1 große Zwiebel
1 Knoblauchzehe
1 EL Maiskeimöl
1 EL Sesamöl
Salz, Pfeffer
50 ml Gemüsebrühe
3 EL helle Sojasauce
Cayennepfeffer
2 EL geröstete ungesalzene Erdnüsse

ZUBEREITUNG: ca. 30 Min.

1. Glasnudeln in eine Schüssel geben und mit warmem Wasser übergießen. 10 Min. quellen, dann abtropfen lassen und mit einer Schere klein schneiden.
2. Inzwischen den Chinakohl waschen, putzen und in fingerbreite Streifen schneiden. Paprikaschote waschen, putzen und ebenfalls in Streifen schneiden. Zwiebel und Knoblauch schälen. Zwiebel achteln und die Zwiebelschichten voneinander lösen. Den Knoblauch fein würfeln.
3. Beide Öle in einem Wok oder einer großen Pfanne erhitzen. Zwiebel und Paprikaschote unter Rühren 3 Min. darin braten. Knoblauch und Chinakohl untermischen, alles 4 Min. weiterbraten. Das Gemüse mit Salz und Pfeffer würzen.
4. Die Brühe mit der Sojasauce, Salz und etwas Cayennepfeffer verrühren. Die Glasnudeln unter das Gemüse mischen. Brühe zugießen. Alles unter Rühren kurz heiß werden lassen. Mit Salz und Pfeffer abschmecken. Die Erdnüsse grob hacken und darüber streuen. Heiß servieren.

Nährwerte pro Portion:

250 kcal • **11 g** Eiweiß • **11 g** Fett • **29 g** Kohlenhydrate • **7 g** Ballaststoffe • ca. **2,5** KHE/BE

Gebratenes Gemüse mit Sabayon

FÜR 2 PERSONEN

300 g möglichst kleine Kartoffeln
800 gemischtes Gemüse (z.B. Rosenkohl, Brokkoli, Möhren und Wirsing)
Salz
100 g Champignons
1 EL Olivenöl
4 Kirschtomaten
1 EL Petersilienblättchen
1 EL gehackte Petersilie
Pfeffer
1 Ei (Größe L)
150 ml Gemüsebrühe
1–2 EL weißer Aceto Balsamico

ZUBEREITUNG: ca. 40 Min.

1. Die Kartoffeln mit Schale in Wasser 15-20 Min. kochen. Inzwischen das Gemüse waschen, je nach Sorte putzen oder schälen und in mundgerechte Stücke schneiden. Nach Sorten getrennt in reichlich kochendem Salzwasser bissfest garen. Abschrecken und gut abtropfen lassen.
2. Die Pilze putzen und halbieren. Öl in einer beschichteten Pfanne erhitzen. Gemüse und Pilze darin portionsweise goldbraun braten. Tomaten waschen und halbieren. Mit den Petersilienblättchen unter das Gemüse mischen. Alles mit Salz und Pfeffer würzen. Die Kartoffeln pellen. Kartoffeln und Gemüse zugedeckt warm stellen.
3. Das Ei mit 100 ml Brühe, dem Aceto Balsamico sowie etwas Salz und Pfeffer in einer Metallschüssel verrühren. Über einem leicht siedenden Wasserbad mit dem Schneebesen zu einer cremigen Sauce aufschlagen. Die gehackte Petersilie unterheben und das Sabayon abschmecken.
4. Das Gemüse auf Tellern anrichten. Mit der restlichen Brühe beträufeln. Mit Sabayon und den Kartoffeln anrichten.

Nährwerte pro Portion:

325 kcal • **19 g** Eiweiß • **10 g** Fett • **37 g** Kohlenhydrate • **18 g** Ballaststoffe • ca. **3,5** KHE/BE

Kohlrabi-Quiche

FÜR 2 PERSONEN

FÜR DEN TEIG

2 mittelgroße mehlig kochende Kartoffeln
1 TL Öl
100 g Weizen-Vollkornmehl
1 gestrichener TL Backpulver
10 g Halbfettbutter
Salz
2 EL Milch (1,5 % Fett)

FÜR DEN BELAG

300 g junge Kohlrabi
Pfeffer
30 g Gorgonzola
100 g fettarmer Joghurt (1,5 % Fett)
1 Ei (Größe S)
1 EL Petersilienblättchen

ZUBEREITUNG: ca. 45 Min.
BACKZEIT: ca. 30 Min.

1. Für den Teig die Kartoffeln waschen und mit der Schale in wenig Wasser ca. 25 Min. kochen. Dann abgießen, ausdampfen lassen und pellen. Von den Kartoffeln 100 g abwiegen, noch warm durch die Presse drücken und abkühlen lassen. Den Backofen auf 180°C vorheizen. Eine Springform (18 cm Ø) mit dem Öl auspinseln.

2. Das Mehl und das Backpulver vermischen. Die durchgedrückten Kartoffeln mit dem Mehl, der Butter, 1 Prise Salz und der Milch rasch zu einem Teig verkneten. Den Teig auf einer leicht bemehlten Arbeitsfläche oder zwischen Frischhaltefolie 1/2 cm dick ausrollen. Boden der Form damit auskleiden, dabei einen ca. 3 cm hohen Rand formen. Teigboden mit einer Gabel mehrmals ein-, aber nicht durchstechen.

3. Für den Belag die Kohlrabi putzen, schälen, vierteln und in hauchdünne Scheiben schneiden. Mit wenig Salz und Pfeffer würzen. Vom Kohlrabigrün 3–4 zarte Blättchen waschen und fein hacken. Den Käse mit einer Gabel zerdrücken. Mit dem Joghurt, dem Ei und dem gehackten Kohlrabigrün verrühren. Mit Pfeffer würzen.

4. Kohlrabi unter den Joghurt mischen. Auf dem Teigboden verteilen. Im Ofen (unten, Umluft 160°) ca. 30 Min. backen. Die Quiche vor dem Servieren kurz ruhen lassen, dann in Stücke schneiden. Mit Petersilienblättchen bestreut servieren. Dazu passt ein gemischter Blattsalat mit einer Kräuter-Vinaigrette.

Nährwerte pro Portion:

435 kcal • **20 g** Eiweiß • **12 g** Fett • **62 g** Kohlenhydrate • **7 g** Ballaststoffe • ca. **6** KHE/BE

Linsen-Reis

mit Gemüse

FÜR 2 PERSONEN

100 g rote Linsen
80 g Langkorn-Naturreis (parboiled)
250 g Tomaten
1 Zwiebel
1 Knoblauchzehe
2 EL Rapsöl
1 Lorbeerblatt
1 Gewürznelke
1 1/2 TL mildes Currypulver
500 ml Gemüsebrühe
Salz, Pfeffer
500 g Blumenkohl
1 Stück frische Ingwerwurzel (ca. 1 cm lang)
1 EL Cashewkerne
2 EL frisch gehackter Koriander (ersatzweise Petersilie)
2 EL Joghurt (3,5 % Fett)

ZUBEREITUNG: ca. 1 Std.

1. Die Linsen und den Reis waschen und gut abtropfen lassen. Die Tomaten kurz überbrühen, häuten und grob hacken. Zwiebel und Knoblauch schälen und fein würfeln.

2. In einem Topf 1 EL Öl erhitzen. Zwiebel und Knoblauch darin glasig werden lassen. Lorbeerblatt, Nelke und Currypulver zufügen und ca. 2 Min. mitdünsten. Linsen, Reis und Tomaten zugeben und unterrühren. Die Brühe zugießen. Alles mit Salz und Pfeffer kräftig würzen. Zum Kochen bringen und zugedeckt bei schwacher Hitze ca. 35 Min. köcheln lassen. Dann das Lorbeerblatt entfernen.

3. Inzwischen den Blumenkohl putzen, in Röschen teilen, waschen und gut abtropfen lassen. Ingwer schälen und fein hacken. Das restliche Öl in einer Pfanne erhitzen. Den Blumenkohl und den Ingwer kurz darin dünsten. 75 ml Wasser zugießen und den Blumenkohl zugedeckt bei mittlerer Hitze ca. 15 Min. garen, eventuell noch Wasser nachgießen. Mit etwas Salz würzen.

4. Den Blumenkohl mitsamt der Garflüssigkeit zum Linsen-Reis geben. Bei ausgeschalteter Herdplatte noch 5 Min. ziehen lassen. Die Cashewkerne hacken. Den Koriander unter den Linsen-Reis mischen. Mit dem Joghurt und den Cashewkernen anrichten.

TIPP

Vollkornreis, auch Naturreis genannt, ist für Diabetiker ideal. Er enthält reichlich Vitamine sowie Mineral- und Ballaststoffe. Ein weiterer Pluspunkt: sein glykämischer Index ist relativ niedrig.

Nährwerte pro Portion:

500 kcal • **20 g** Eiweiß • **17 g** Fett • **65 g** Kohlenhydrate • **14 g** Ballaststoffe • ca. **6** KHE/BE

Makrelen

aus der Folie

FÜR 2 PERSONEN

150 g Lauch
1 kleine Fenchelknolle (ca. 200 g)
1 kleine Möhre
100 ml Gemüsebrühe
100 g große Champignons
1/2 TL getrockneter Thymian
Salz, Pfeffer
4 Stängel Petersilie
2 küchenfertige Makrelen à 250 g
1 EL Halbfettbutter
2 TL Zitronensaft
1 TL Öl
400 g kleine neue Kartoffeln
Alufolie

ZUBEREITUNG: ca. 30 Min.
GARZEIT: 30 Min.

1. Backofen auf 220° vorheizen. Lauch, Fenchel und Möhre putzen, waschen beziehungsweise schälen und in dünne Streifen schneiden (das geht am schnellsten mit einem Julienneschneider). Die Brühe in einer Pfanne aufkochen lassen. Das Gemüse ca. 5 Min. darin garen.

2. Die Pilze putzen und ebenfalls in Streifen schneiden. Mit dem Thymian unter das Gemüse mischen. Alles mit wenig Salz und Pfeffer würzen. Die Petersilie waschen und trockenschütteln.

3. Die Makrelen kalt abbrausen, mit Küchenpapier trockentupfen und mit den Petersilienstängeln füllen. Die Butter in einer kleinen Pfanne schmelzen lassen. Vom Herd nehmen und den Zitronensaft darunter rühren.

4. Zwei große Stücke Alufolie (ca. 10 cm länger als die Fische) mit dem Öl bepinseln. Das Gemüse mitsamt der Flüssigkeit mittig auf den Folien verteilen. Die Makrelen darauf legen. Mit der Zitronenbutter bepinseln und leicht pfeffern. Dann die Folien gut verschließen.

5. Die Makrelenpäckchen auf den Rost legen. Im Ofen (Mitte, Umluft 200°) ca. 30 Min. garen. In der Folie servieren.

6. Inzwischen die Kartoffeln sauber bürsten und mit der Schale in wenig Salzwasser ca. 25 Min. kochen. Abgießen und kurz ausdampfen lassen. Zu den Makrelen reichen.

TIPP

Auch andere Portionsfische wie Saiblinge, kleine Goldbrassen oder Forellen lassen sich so zubereiten. Statt Fenchel zur Abwechslung jungen Lauch oder Frühlingszwiebeln verwenden.

TIPP

Gönnen Sie sich ganz nach Vorliebe und nach Ihrem individuellen Kohlenhydratbedarf zu diesem Hauptgericht noch eine feine Vorspeise oder ein fruchtiges Dessert.

Nährwerte pro Portion:

505 kcal • **35 g** Eiweiß • **21 g** Fett • **41 g** Kohlenhydrate • **11 g** Ballaststoffe • ca. **4** KHE/BE

Heilbutt mit gerösteten Pilzen

FÜR 2 PERSONEN

400 g Kartoffeln
Salz
1 unbehandelte Zitrone
2 Schalotten
1 Knoblauchzehe
300 g gemischte Pilze (z.B. Champignons und Austernpilze)
2 Heilbuttkoteletts à 200 g (ersatzweise andere Fischkoteletts)
Pfeffer
1 EL Rapsöl
1/2 TL gehackter Majoran

ZUBEREITUNG: ca. 35 Min.

1. Kartoffeln waschen, schälen und vierteln. In Salzwasser ca. 25 Min. garen. Abgießen und kurz ausdampfen lassen.

2. Von der Zitrone 2 TL Schale fein abreiben. Den Saft auspressen. Schalotten und Knoblauch schälen und fein würfeln. Pilze putzen, in Scheiben schneiden.

3. Fischkoteletts kalt abbrausen, mit Küchenpapier trockentupfen und auf beiden Seiten mit Salz und Pfeffer würzen. Dann in einen Siebeinsatz legen. Mit der Zitronenschale bestreuen. Einen Topf ca. 5 cm hoch mit Wasser füllen. 3 EL Zitronensaft zufügen. Den Siebeinsatz hinein stellen. Die Flüssigkeit aufkochen lassen und die Fischkoteletts zugedeckt ca. 12 Min. dämpfen.

4. Öl in einer beschichteten Pfanne erhitzen. Die Schalotten, Knoblauch, Pilze und Majoran darin unter Rühren goldbraun rösten. Mit Salz und Pfeffer würzen. Kartoffeln und Pilze zu den Fischkoteletts servieren.

TIPP

Als Vorspeise schmeckt dazu der Chicorée-Trauben-Salat von Seite 40.

Nährwerte pro Portion:

425 kcal • **8 g** Eiweiß • **10 g** Fett • **32 g** Kohlenhydrate • **6 g** Ballaststoffe • ca. **3** KHE/BE

Kabeljau mit Lauch und Tomaten

FÜR 2 PERSONEN

1 kleine Dose geschälte Tomaten (Inhalt 400 g)
1 Bund Petersilie
500 g Lauch
1 EL Öl
Salz, Pfeffer
120 g Langkorn-Naturreis (parboiled)
300 g Kabeljaufilet
1 EL Zitronensaft
1 Stück Bratschlauch

ZUBEREITUNG: ca. 30 Min.
GARZEIT: 25 Min.

1. Die Tomaten abtropfen lassen, dabei den Saft auffangen. Petersilie abbrausen, trockenschütteln und fein hacken. Den Lauch putzen, längs aufschneiden, gründlich waschen und in 1 cm dicke Scheiben schneiden. Öl in einer beschichteten Pfanne erhitzen. Lauch ca. 3 Min. darin dünsten. Tomaten grob hacken und zum Lauch geben. Dann 4 EL Tomatensaft und die Hälfte der Petersilie unterrühren. Mit Salz und Pfeffer würzen.

2. Reis nach Packungsangabe kochen. Backofen ohne Rost auf 200° vorheizen. Den Kabeljau kalt abbrausen, mit Küchenpapier trockentupfen. Mit dem Zitronensaft, Salz und Pfeffer würzen. Vom Bratschlauch ein Ende nach Packungsangabe verschließen. Die Gemüsemischung im Schlauch verteilen. Den Fisch darauf legen.

3. Das Folienende verschließen. Bratschlauch oben 1- bis 2mal einstechen und auf den kalten Bratrost legen. Den Fisch im Ofen (unten, Umluft 180°) ca. 25 Min. garen. Mit der übrigen Petersilie bestreuen. Den Reis und das Gemüse zum Kabeljau servieren.

Nährwerte pro Portion:

435 kcal • **36 g** Eiweiß • **7 g** Fett • **55 g** Kohlenhydrate • **5 g** Ballaststoffe • ca. **5** KHE/BE

Zander

in Sesamkruste

FÜR 2 PERSONEN

125 g kleine grüne Linsen (Puy-Linsen)
300 ml Gemüsebrühe
1 kleine reife Mango (ca. 200 g)
1 Msp. Cayennepfeffer (ersatzweise 1 EL scharfe Chilisauce)
1 1/4 EL Zitronensaft
Salz, Pfeffer
1 TL Olivenöl
300 g Zanderfilet (ersatzweise Flussbarsch- oder Wolfsbarschfilet)
1 Eiweiß
2 1/2 EL ungeschälte Sesamsamen
2 EL Vollkorn-Semmelbrösel
1 EL Weizen-Vollkornmehl
1 kleine Möhre
2 Frühlingszwiebeln
4 schöne Blätter Chicorée
1 Stück frische Ingwerwurzel (ca. 1 cm lang)
2 1/2 EL Rapsöl
1/2 TL Aceto Balsamico

ZUBEREITUNG: ca. 1 Std.

1. Die Linsen kalt abbrausen. Mit der Brühe zum Kochen bringen. Zugedeckt bei schwacher Hitze ca. 45 Min. garen. Mango schälen. Das Fruchtfleisch vom Stein schneiden, grob würfeln und mit dem Stabmixer pürieren. Mit Cayennepfeffer, 1/4 EL Zitronensaft, Salz und Pfeffer würzen. Das Olivenöl unterrühren. Die Mangosauce zugedeckt bei Zimmertemperatur stehen lassen.
2. Das Fischfilet kalt abbrausen, mit Küchenpapier trockentupfen und in 4 Stücke schneiden. Mit 1/2 EL Zitronensaft beträufeln und auf beiden Seiten mit Salz und Pfeffer würzen. Das Eiweiß verquirlen. Sesamsamen und Semmelbrösel vermischen. Den Fisch auf beiden Seiten mit Mehl bestäuben. Zuerst durch das Eiweiß ziehen, dann in der Sesam-Mischung wenden.Die Panade gut andrücken. Dann den Fisch zugedeckt kühl stellen.
3. Inzwischen die Möhre putzen, schälen und fein würfeln. Die Frühlingszwiebeln putzen, waschen und fein hacken. Die Chicoréeblätter kalt waschen und gut trockenschütteln. Den Ingwer schälen und fein reiben. Die Linsen abgießen.
4. In einem Topf 1/2 EL Öl erhitzen. Die Möhren, die Hälfte der Frühlingszwiebeln und den Ingwer darin glasig dünsten. Die Linsen untermischen und kurz miterhitzen. Mit Salz, Pfeffer und Aceto Balsamico würzen. Zugedeckt bei ausgeschalteter Herdplatte ziehen lassen.
5. Das restliche Öl in einer beschichteten Pfanne erhitzen. Die Fischstücke ca. 6 Min. darin goldbraun braten, dabei einmal wenden. Dann mit dem übrigen Zitronensaft beträufeln. Die restlichen Frühlingszwiebeln unter die Mangosauce rühren. Die Hälfte vom Fisch und je 2 Blätter Chicorée auf einen Teller legen. Die Linsen in den Chicoréeschiffchen verteilen. Die Mango-Sauce dazu servieren.

Nährwerte pro Portion:

685 kcal • **51 g** Eiweiß • **26 g** Fett • **61 g** Kohlenhydrate • **14 g** Ballaststoffe • ca. **6** KHE/BE

Rotbarsch mit Oliven-Kapern-Sauce

FÜR 2 PERSONEN

50 g entsteinte schwarze Oliven
1/2 TL mittelscharfer Senf
Salz, Pfeffer
2 EL Zitronensaft
1 Msp. abgeriebene Zitronenschale
3 EL Olivenöl
2 EL Kapern
1 EL gehackte Petersilie
1/2 TL Fenchelsamen
400 g Rotbarschfilet
150 g Weizen-Vollkornnudeln, z. B. Farfalle, Conchiglie
75 ml Fischfond (ersatzweise Gemüsebrühe)

ZUBEREITUNG: ca. 25 Min.

1. Die Oliven fein hacken. Senf, Salz, Pfeffer, Zitronensaft und Zitronenschale verquirlen. Das Öl unterrühren. Dann Kapern, Petersilie und Oliven untermischen.
2. Die Fenchelsamen im Mörser leicht zerstoßen. Das Rotbarschfilet kalt abbrausen, mit Küchenpapier trockentupfen und in ca. 2 cm große Würfel schneiden. Den Fisch mit Salz, Pfeffer und Fenchel würzen. Nudeln nach Packungsanleitung in Salzwasser bissfest garen.
3. Inzwischen den Fond erhitzen. Den Fisch zugedeckt 5 Min. darin dünsten.
4. Die Nudeln abgießen und gut abtropfen lassen. Den Fisch mitsamt der Flüssigkeit darunter mischen. Auf Tellern anrichten und mit der Oliven-Kapern-Sauce beträufeln. Dazu passt ein grüner Salat mit einem Joghurt-Kräuter-Dressing.

Nährwerte pro Portion:

640 kcal • **48 g** Eiweiß • **27 g** Fett • **52 g** Kohlenhydrate • **6 g** Ballaststoffe • ca. **5** KHE/BE

Fischspieße mit Zitronensauce

FÜR 2 PERSONEN

300 g Fischfilet (z.B. Kabeljau-, Rotbarsch- oder Lachsfilet)
Salz
250 g Brokkoli
100 g kleine Kirschtomaten
1/2 unbehandelte Zitrone
1 Bund Petersilie
120 g Basmati-Naturreis
1 EL Olivenöl
grob gemahlener Pfeffer
75 ml Gemüsebrühe
Holz- oder Metallspieße

ZUBEREITUNG: ca. 35 Min.

1. Den Fisch kalt abbrausen, mit Küchenpapier trockentupfen und in 3 cm große Würfel schneiden. Mit Salz würzen. Den Brokkoli putzen, in Röschen teilen und in sprudelnd kochendem Salzwasser 3 Min. blanchieren. Dann kalt abschrecken, gut abtropfen lassen und mit Salz würzen. Die Tomaten waschen.
2. Fischwürfel, Brokkoliröschen und Tomaten abwechselnd auf vier Spieße ziehen. Von der Zitrone die Hälfte der Schale fein abreiben und den Saft auspressen. Die Petersilie waschen, trockenschütteln und fein hacken. Den Reis nach Packungsanleitung gar kochen.
3. In einer beschichteten Pfanne das Öl erhitzen. 2 EL Zitronensaft darunter rühren und etwas grob gemahlenen Pfeffer hinzufügen. Die Fischspieße in die Pfanne legen und rundum 3 Min. darin braten. Dann die Brühe zugießen und die Zitronenschale untermischen. Fischspieße 3–4 Min. weitergaren.
4. Die gehackte Petersilie unter den fertigen Reis mischen. Die Fischspieße mit dem Kräuterreis auf Tellern anrichten. Die Sauce in der Pfanne mit Salz, Pfeffer und Zitronensaft abschmecken. Fischspieße damit beträufeln.

Nährwerte pro Portion:

410 kcal • **35 g** Eiweiß • **7 g** Fett • **50 g** Kohlenhydrate • **4 g** Ballaststoffe • ca. **5** KHE/BE

Schellfisch-Ragout

FÜR 2 PERSONEN

400 g Schellfischfilet
Salz, Pfeffer
2 EL Zitronensaft
200 ml Gemüsebrühe
1 kleine Zwiebel
1 Lorbeerblatt
1 TL Senfkörner (ersatzweise 1/2 TL scharfer Senf)
120 g Langkorn-Naturreis (parboiled)
100 g Knollensellerie
1 kleine rote Paprikaschote
1 unbehandelte Orange
1/2 Bund glatte Petersilie
50 g saure Sahne

ZUBEREITUNG: ca. 45 Min.

1. Den Fisch kalt abbrausen und mit Küchenpapier trockentupfen. Mit Salz und Pfeffer würzen und mit 1 EL Zitronensaft beträufeln. Die Brühe in einen flachen Topf aufkochen lassen. Die Zwiebel schälen und achteln. Mit dem Lorbeerblatt, den Senfkörnern und etwas Salz zur Brühe geben.
2. Den Fisch in die Brühe legen. Bei ausgeschalteter Herdplatte zugedeckt 15–20 Min. darin gar ziehen lassen. Inzwischen Reis nach Packungsangabe kochen.
3. Den Sellerie schälen und raspeln. Die Paprikaschote putzen, waschen und klein würfeln. Den Fisch aus dem Sud nehmen. Den Fischsud durchsieben und wieder in den Topf gießen. Das Gemüse ca. 10 Min. darin garen.
4. Orange schälen und die Filets aus den Trennhäuten schneiden, dabei den Saft auffangen. Petersilie waschen, trockenschütteln und bis auf einige Blättchen fein hacken. Fisch in mundgerechte Stücke teilen.
5. Das Gemüse, bis auf 2 EL, mit etwas Fischsud pürieren. Die Sahne unterrühren, dann heiß werden, aber nicht mehr kochen lassen. Den Orangensaft und so viel Sud zufügen, dass eine sämige Sauce entsteht. Den Fisch, das restliche Gemüse und die Orangenfilets zufügen und kurz miterhitzen. Das Fisch-Ragout mit Salz, Pfeffer und Zitronensaft würzen. Den Reis dazu servieren.

TIPP

Anstelle von Schellfisch können Sie auch jedes andere beliebige Fischfilet nehmen. Es sollte allerdings möglichst festfleischig und hell sein.

Nährwerte pro Portion:

465 kcal • **43 g** Eiweiß • **6 g** Fett • **55 g** Kohlenhydrate • **7 g** Ballaststoffe • ca. **5** KHE/BE

Paprika-Graupen mit Garnelen

FÜR 2 PERSONEN
200 g tiefgekühlte geschälte Garnelen
je 1 rote, gelbe und grüne Paprikaschote (ca. 600 g)
1 unbehandelte Zitrone
1 Knoblauchzehe
2 EL Olivenöl
120 g Gerstengraupen
400 ml Fischfond (ersatzweise Gemüsebrühe)
Salz, Pfeffer
1 EL Petersilienblättchen

ZUBEREITUNG: ca. 40 Min.

1. Die Garnelen antauen lassen. Inzwischen die Paprikaschoten putzen, waschen und in kleine Würfel schneiden. Von der Zitrone die Hälfte der Schale fein abreiben. Den Knoblauch schälen und fein würfeln.

2. Das Öl in einem flachen Topf erhitzen. Den Knoblauch darin glasig werden lassen. Graupen und Paprikaschoten zufügen und kurz mitdünsten. Fond zugießen und die Zitronenschale unterrühren. Alles mit Salz und Pfeffer würzen, dann einmal aufkochen und zugedeckt bei schwacher Hitze ca. 20 Min. köcheln lassen.

3. Die Garnelen waschen und auf die Graupen legen. Dann alles weitere 15 Min. köcheln lassen. Mit Salz und Pfeffer abschmecken. Die restliche Zitronenhälfte in Spalten schneiden. Die Paprika-Graupen mit den Garnelen auf Tellern anrichten. Mit Petersilienblättchen und Zitronenspalten garnieren.

Nährwerte pro Portion:
470 kcal • **27 g** Eiweiß • **15 g** Fett • **55 g** Kohlenhydrate • **10 g** Ballaststoffe • ca. **5** KHE/BE

Seelachsfilet mit Gemüse-Käse-Kruste

FÜR 2 PERSONEN
2 Seelachsfilets à ca. 200 g
Salz, Pfeffer
2 EL Olivenöl
500 g Zucchini
1 Bund Frühlingszwiebeln
1 Knoblauchzehe
1 TL Tomatenmark
1 TL getrockneter Thymian
100 ml Gemüsebrühe
120 g Basmati-Naturreis
100 g Mozzarella

ZUBEREITUNG: ca. 35 Min.

1. Den Backofen auf 220° vorheizen. Fisch kalt abbrausen, mit Küchenpapier trockentupfen und mit Salz und Pfeffer würzen. Eine feuerfeste Form dünn mit Öl auspinseln. Fischfilets nebeneinander hineinlegen.

2. Das Gemüse waschen und putzen. Die Zucchini klein würfeln. Die Frühlingszwiebeln in Scheiben schneiden. Das restliche Öl in einer beschichteten Pfanne erhitzen. Zucchini und Frühlingszwiebeln ca. 5 Min. darin braten. Den Knoblauch schälen und dazupressen. Dann das Tomatenmark und den Thymian untermischen. Alles kurz weiterbraten. Brühe zugießen. Das Gemüse mit Salz und Pfeffer würzen und vom Herd nehmen.

3. Reis nach Packungsangabe kochen. Den Mozzarella gut abtropfen lassen, grob raspeln und unter das Gemüse rühren. Die Gemüse-Mozzarella-Mischung auf dem Fisch verteilen. Im Ofen (Mitte, Umluft 200°) ca. 15 Min. garen. Den Reis dazu servieren.

Nährwerte pro Portion:
640 kcal • **54 g** Eiweiß • **23 g** Fett • **63 g** Kohlenhydrate • **4 g** Ballaststoffe • ca. **5** KHE/BE

Lachs

auf Waldorf-Gemüse

FÜR 2 PERSONEN

4 Lachsfilets ohne Haut à ca. 80 g
Salz
2 TL Halbfettbutter
150 g Knollensellerie
3 EL Zitronensaft
2 Stangen Bleichsellerie
400 g kleine Kartoffeln
1 EL Walnusskerne
2 EL Schmand
1 kleiner Apfel (möglichst rotschalig)
Pfeffer
Frischhaltefolie

ZUBEREITUNG: ca. 45 Min.

1. Den Fisch kalt abbrausen, mit Küchenpapier trockentupfen und mit Salz würzen. Die Butter zerlassen und einen Teller dünn damit bepinseln. Die Fischfilets nebeneinander auf den Teller legen und mit der restlichen Butter bestreichen. Mit Frischhaltefolie bedecken und diese straff über den Fisch ziehen

2. Backofen auf 80° vorheizen. Den Knollensellerie schälen und erst in Scheiben, dann in kurze Stifte schneiden. 250 ml Wasser mit etwas Salz und Zitronensaft aufkochen lassen. Den Knollensellerie 7 Min. darin blanchieren.

3. Den Bleichsellerie waschen, putzen und in dünne Scheiben schneiden. Zartes Selleriegrün beiseite legen. Bleichsellerie zum Knollensellerie geben und alles 2 Min. weiterblanchieren. Vom Herd nehmen.

4. Die Kartoffeln waschen und mit der Schale in Salzwasser ca. 20 Min. weich kochen. Die Fischfilets im Ofen (Mitte, Umluft 60°) ca. 20 Min. garen.

5. Selleriegrün fein, Walnüsse grob hacken. Schmand unter das Gemüse mischen, wieder erhitzen. Apfel waschen, vierteln, vom Kerngehäuse befreien und in kurze Stifte schneiden. Zusammen mit den Walnüssen unter das Gemüse mischen. Mit etwas Salz, Pfeffer und Zitronensaft würzen und abschmecken.

6. Die Kartoffeln pellen und mit dem gehackten Selleriegrün vermischen. Den Fisch, das Gemüse und die Pellkartoffeln auf vorgewärmten Tellern anrichten.

TIPP

So sanft gegart, bleibt der Lachs schön saftig und aromatisch. Wichtig ist, dass der Ofen tatsächlich die Temperatur von 80° bis maximal 85° hat. Die Temperatur des Ofens am besten mit einem Backofen-Thermometer (gibt es in Haushaltswarengeschäften und im Kaufhaus) überprüfen. Bei Gas die niedrigste Stufe wählen und die Backofentüre einen kleinen Spalt offen lassen.

Nährwerte pro Portion:

600 kcal • **39 g** Eiweiß • **31 g** Fett • **40 g** Kohlenhydrate • **9 g** Ballaststoffe • ca. **4** KHE/BE

Barsch-Gemüse-Pfanne

FÜR 2 PERSONEN

150 g Knollensellerie
1 gelbe Paprikaschote
150 g Zucchini
4 Frühlingszwiebeln
1 EL Rapsöl
1 TL getrockneter Thymian
Salz, Pfeffer
300 g Viktoriabarschfilet (ersatzweise jedes andere beliebige Fischfilet)
100 ml Gemüsebrühe
1 EL Zitronensaft
120 g Basmati-Naturreis
3 EL Sahne

ZUBEREITUNG: ca. 35 Min.

1. Den Sellerie putzen, schälen und würfeln. Die Paprikaschote putzen, waschen und ebenfalls würfeln. Zucchini und Frühlingszwiebeln waschen und putzen. Zucchini in Scheiben, die Frühlingszwiebeln schräg in Stücke schneiden. Öl in einer beschichteten Pfanne erhitzen. Gemüse ca. 5 Min. darin dünsten. Dann mit Thymian, Salz und Pfeffer würzen und das Gemüse an den Pfannenrand schieben.
2. Den Fisch kalt abbrausen, mit Küchenpapier trockentupfen und grob würfeln. Mit Salz und Pfeffer würzen und in die Mitte der Pfanne geben. Mit der Brühe und dem Zitronensaft begießen. Zugedeckt bei schwacher Hitze ca. 12 Min. garen. Inzwischen Reis nach Packungsangabe kochen.
3. Den Fisch und das Gemüse vermischen. Mit der Sahne beträufeln und 1–2 Min. weitererhitzen. Den Reis dazu servieren.

Nährwerte pro Portion:

505 kcal • **37 g** Eiweiß • **16 g** Fett • **52 g** Kohlenhydrate • **7 g** Ballaststoffe • ca. **5** KHE/BE

Fisch-Ossobuco

FÜR 2 PERSONEN

2 Kabeljaukoteletts à 200 g
2 TL Vollkorn-Mehl
Salz, Pfeffer
1 Zwiebel
100 g Möhren
200 g Lauch
1 EL Olivenöl
50 ml Weißwein (ersatzweise Gemüsebrühe)
200 ml Gemüsebrühe
1 Zweig Thymian
120 g Langkorn-Naturreis (parboiled)
1/2 Bund Petersilie
1 unbehandelte Zitrone
1 Knoblauchzehe

ZUBEREITUNG: ca. 40 Min.

1. Fischkoteletts kalt abbrausen und mit Küchenpapier trockentupfen. Mehl mit Salz und Pfeffer vermischen. Fischkoteletts darin wenden. Zwiebel und Möhren schälen und fein würfeln. Lauch putzen, gründlich waschen und in Streifen schneiden.
2. Öl erhitzen. Fischkoteletts auf beiden Seiten ca. 2 Min. darin anbraten, dann herausnehmen. Zwiebel, Möhren und Lauch im Bratfett ca. 5 Min. dünsten. Mit etwas Salz und Pfeffer würzen. Dann Wein und Brühe zugießen und den Thymian hinzufügen, alles einmal aufkochen lassen.
3. Hitze reduzieren. Die Fischkoteletts zum Gemüse geben und zugedeckt bei kleiner Hitze ca. 20 Min. garen. Inzwischen den Reis nach Packungsangabe kochen. Die Petersilie waschen, trockenschütteln und fein hacken. Von der Zitrone 2 TL Schale abreiben. Den Knoblauch schälen und fein würfeln. Die Petersilie mit der Zitronenschale und dem Knoblauch vermischen.
4. Die Fischkoteletts mit dem Gemüse und dem Garsud anrichten. Mit der Petersilien-Zitronen-Mischung bestreuen. Den Reis dazu servieren.

Nährwerte pro Portion:

490 kcal • **42 g** Eiweiß • **9 g** Fett • **55 g** Kohlenhydrate • **6 g** Ballaststoffe • ca. **5** KHE/BE

Kreolischer Hähnchentopf

FÜR 2 PERSONEN

5 Pimentkörner (ersatzweise 2 Nelken)
250 g Hähnchenbrustfilet
Salz, Pfeffer
2 1/2 EL Zitronensaft
1 gelbe Paprikaschote
300 g Zucchini
250 g Süßkartoffeln (Bataten)
1/2 rote Chilischote
1 Zwiebel
1 Knoblauchzehe
1 EL Olivenöl
1/2 TL getrockneter Thymian
250 ml Geflügelfond (ersatzweise Gemüsefond oder Gemüsebrühe)
2 Zitronenscheiben
60 g Vollkornbaguette

ZUBEREITUNG: ca. 45 Min.

1. Die Pimentkörner im Mörser zerstoßen. Die Hähnchenbrust in 2 cm große Würfel schneiden. Mit der Hälfte des Piments, Salz und Pfeffer sowie 1 EL Zitronensaft würzen.
2. Paprikaschote längs vierteln, putzen, waschen und quer in Streifen schneiden. Die Zucchini waschen, putzen, längs halbieren und in 1 cm dicke Scheiben schneiden. Die Süßkartoffeln waschen, schälen und in 1,5 cm große Würfel schneiden. Dann Paprikaschote, Zucchini und Süßkartoffeln mit 1 EL Zitronensaft beträufeln. Die Chilischote putzen, waschen und in Ringe schneiden. Die Zwiebel und den Knoblauch schälen und würfeln.
3. Das Öl in einer Kasserolle erhitzen. Die Hähnchenbrust rundum 3 Min. darin anbraten. Die Zwiebel und den Knoblauch zufügen und kurz mitbraten. Dann das Gemüse und die Chilischote dazugeben. Mit Salz, Thymian und dem restlichen Piment würzen. Den Fond zugießen.
4. Alles bei mittlerer Hitze zugedeckt ca. 25 Min. garen. Den Hähnchentopf mit dem übrigen Zitronensaft abschmecken. Mit den Zitronenscheiben garnieren. Das Baguette dazu servieren.

TIPP

Süßkartoffeln haben einen niedrigen glykämischen Index. Wer keine Süßkartoffeln bekommt, kann ersatzweise mehlig kochende Kartoffeln verwenden.

TIPP

Chilischoten sorgen nicht nur feurige Schärfe, sondern bringen auch den Kreislauf in Schwung. Wer nur leicht scharfes Essen mag, halbiert die Schoten der Länge nach und entfernt die Samenkernchen. Dabei am besten mit Gummihandschuhen arbeiten und auf keinen Fall mit den Fingern in den Augen reiben. Wer keine Schärfe wünscht oder verträgt, verzichtet am besten auf Chilischoten.

Nährwerte pro Portion:

470 kcal • **37 g** Eiweiß • **10 g** Fett • **55 g** Kohlenhydrate • **11 g** Ballaststoffe • ca. **5** KHE/BE

Gefüllte Putenröllchen

FÜR 2 PERSONEN

1/2 Bund Petersilie
4 Stängel Basilikum
1 Knoblauchzehe
10 g Walnusskerne
2 EL geriebener Parmesan
2 TL Olivenöl
2 Putenschnitzel à 120 g
Salz, Pfeffer
3 Stangen Bleichsellerie
1 Zwiebel
200 g stückige Tomaten (Fertigprodukt)
2 Lorbeerblätter
120 g Bandnudeln (aus Hartweizengrieß)

AUSSERDEM

Küchengarn
1 Stück Bratschlauch

ZUBEREITUNG: ca. 30 Min.
GARZEIT: 35 Min.

1. Die Kräuter waschen und trockenschütteln. Den Knoblauch schälen und grob hacken. Alles mit den Nüssen, dem Parmesan und dem Öl im Mixer pürieren.
2. Backofen ohne Rost auf 200° vorheizen. Schnitzel flach drücken. Mit Salz und Pfeffer würzen. Schnitzel mit Kräuter-Nuss-Paste bestreichen, dann aufrollen und mit Küchengarn umbinden.
3. Den Bleichsellerie putzen, waschen und würfeln. Mit Salz und Pfeffer würzen. Zartes Selleriegrün beiseite legen. Zwiebel schälen und fein würfeln. Vom Bratschlauch ein Ende nach Packungsangabe verschließen. Dann Sellerie- und Zwiebelwürfel, Tomaten, Lorbeerblätter und Putenröllchen hineingeben.
4. Folienende gut verschließen. Bratschlauch oben 1- bis 2mal einstechen. Auf den kalten Rost legen. Die Putenröllchen im Ofen (Umluft, 180°) 35 Min. garen. Nudeln nach Packungsanleitung in Salzwasser bissfest garen, abgießen und abtropfen lassen. Putenröllchen mit dem Gemüse und den Nudeln anrichten. Mit Selleriegrün bestreuen.

Nährwerte pro Portion:

500 kcal • **44 g** Eiweiß • **13 g** Fett • **52 g** Kohlenhydrate • **3 g** Ballaststoffe • ca. **5** KHE/BE

Puten-Geschnetzeltes mit Curry

FÜR 2 PERSONEN

120 g Langkorn-Naturreis (parboiled)
200 g Putenbrustfilet
1 Bund Frühlingszwiebeln
3 getrocknete Aprikosen
2 EL Rapsöl
Salz, Pfeffer
1 TL Currypulver
150 g tiefgekühlte feine Erbsen
125 ml Hühnerbrühe
2 EL Schmand

ZUBEREITUNG: ca. 30 Min.

1. Reis nach Packungsangabe kochen. Die Putenbrust kalt abbrausen, trockentupfen und quer zur Faser in 4 cm lange Streifen schneiden. Frühlingszwiebeln putzen, waschen und schräg in 3 cm lange Stücke, Aprikosen in Streifen schneiden.
2. In einer Pfanne 1 EL Öl erhitzen. Putenbrust unter Wenden darin rundum 2-3 Min. braten. Mit Salz und Pfeffer würzen und herausnehmen. Restliches Öl in die Pfanne geben. Die Frühlingszwiebeln kurz darin dünsten. Mit 1/2 TL Currypulver bestreuen.
3. Die Erbsen, die Aprikosen und die Brühe zu den Frühlingszwiebeln geben. Alles einmal aufkochen und zugedeckt 5 Min. köcheln lassen. Dann die Putenbrust unterrühren und ca. 1 Min. miterhitzen. Schmand untermischen. Mit dem restlichen Currypulver, Salz und Pfeffer würzen und abschmecken. Den Reis dazu servieren.

Nährwerte pro Portion:

530 kcal • **34 g** Eiweiß • **18 g** Fett • **61 g** Kohlenhydrate • **3 g** Ballaststoffe • ca. **6** KHE/BE

Hähnchenbrust mit Ananas

FÜR 2 PERSONEN

250 g Hähnchenbrustfilet
4 EL Teriyakisauce für Fleisch (japanische Würzsauce, ersatzweise helle Sojasauce)
120 g Langkorn-Naturreis (parboiled)
1 rote Paprikaschote
1 Möhre
1 kleiner Chinakohl (ca. 400 g)
1 EL Rapsöl
100 g frisches Ananasfruchtfleisch (ersatzweise ungesüßte Ananasstückchen aus der Dose)
Salz, Pfeffer

ZUBEREITUNG: ca. 40 Min.

1. Die Hähnchenbrust kurz abbrausen, trockentupfen und quer zur Faser in Würfel schneiden. Mit der Teriyakisauce vermischen und zugedeckt im Kühlschrank 20 Min. marinieren.
2. Reis nach Packungsangabe kochen. Paprikaschote putzen, waschen und in Stücke schneiden. Möhre putzen, schälen und in dünne Scheiben schneiden. Chinakohl putzen, waschen und quer in Streifen schneiden.
3. Öl in einer Pfanne erhitzen. Die Hähnchenbrust mitsamt der Marinade unter Rühren darin rundum kurz, aber kräftig anbraten. Paprikaschote und Möhre zufügen und 3 Min. mitbraten.
4. Chinakohl untermischen. Alles weitere 5 Min. unter Rühren braten, bis die Hähnchenbrust gar ist. Wenn nötig etwas Wasser zufügen. Die Ananas in kleine Stücke schneiden, untermischen und kurz miterhitzen. Alles mit Salz und Pfeffer würzen und abschmecken. Den Reis dazu servieren.

Nährwerte pro Portion:

425 kcal • **37 g** Eiweiß • **8 g** Fett • **58 g** Kohlenhydrate • **10 g** Ballaststoffe • ca. **6** KHE/BE

Entenbrust mit Brokkoli und Nüssen

FÜR 2 PERSONEN

1 kleines Entenbrustfilet (ca. 250 g)
400 g Brokkoli
Salz
110 g Basmati-Naturreis
1 Zwiebel
1 Knoblauchzehe
1 Stück frische Ingwerwurzel (ca. 1 cm lang)
50 ml Hühnerbrühe
3 EL helle Sojasauce
2 EL Maiskeimöl
2 EL ungesalzene Cashewkerne
Pfeffer
2 EL Kokosraspel

ZUBEREITUNG: ca. 30 Min.

1. Die Entenbrust häuten und das Fleisch in ca. 1 cm breite Streifen schneiden. Den Brokkoli putzen, waschen und in kleine Röschen teilen. Die Brokkolistiele schälen, klein würfeln und in kochendem Salzwasser 2 Min., die Brokkoliröschen 1 Min. darin blanchieren. Kalt abschrecken und gut abtropfen lassen.
2. Den Reis nach Packungsangabe kochen. Inzwischen die Zwiebel schälen, achteln und in Schichten teilen. Den Knoblauch und den Ingwer schälen und fein würfeln. Die Brühe und die Sojasauce verrühren.
3. Das Öl in einer Pfanne erhitzen. Die Cashewkerne kurz darin rösten, herausnehmen. Entenbrust in der Pfanne unter Rühren rundum kurz, aber kräftig braten. Ebenfalls herausnehmen.
4. Den Brokkoli, die Zwiebel, den Knoblauch und den Ingwer bei starker Hitze im verbliebenen Fett unter Rühren braten. Mit Salz würzen. Wenn das Gemüse glänzt, die Brühe-Mischung zugießen. Entenbrust und Cashewkerne darunter mischen. Heiß werden lassen, dann mit Salz und Pfeffer abschmecken. Die Kokosraspel unter den Reis mischen. Zur Entenbrust servieren.

Nährwerte pro Portion:

700 kcal • **37 g** Eiweiß • **40 g** Fett • **52 g** Kohlenhydrate • **8 g** Ballaststoffe • ca. **5** KHE/BE

Zitronen-Hähnchen

FÜR 2 PERSONEN
4 kleine Hähnchenkeulen
1 unbehandelte Zitrone
1 Zweig Rosmarin
2 TL Olivenöl
Salz, Pfeffer
300 g Knollensellerie
2 Knoblauchzehen
400 g Kartoffeln
1 Stück Bratschlauch

ZUBEREITUNG: ca. 25 Min.
GARZEIT: ca. 45 Min.

1. Den Backofen ohne Rost auf 200° vorheizen. Die Hähnchenkeulen häuten, waschen, mit Küchenpapier trockentupfen und jeweils im Gelenk halbieren. Von der Zitrone die Schale fein abreiben. Dann die Zitrone schälen und die Filets aus den Trennhäuten schneiden, dabei den Saft auffangen.

2. Den Rosmarin waschen und trockenschütteln, 1 TL Nadeln abstreifen und ganz fein hacken. Die abgeriebene Zitronenschale mit dem gehackten Rosmarin, dem Öl sowie etwas Salz und Pfeffer vermischen. Hähnchenkeulen damit rundum einreiben.

3. Den Sellerie schälen und klein würfeln. Mit Salz und Pfeffer würzen. Den Knoblauch schälen. Vom Bratschlauch ein Ende nach Packungsangabe verschließen. Hähnchenkeulen, Sellerie, Knoblauch, Zitronenfilets, aufgefangenen Zitronensaft und restlichen Rosmarin in den Bratschlauch geben.

4. Folienende gut verschließen. Bratschlauch oben 1- bis 2mal einstechen und auf den kalten Rost legen. Auf die Mittelschiene geben und die Fettpfanne darunter schieben. Im Ofen (Umluft 180°) ca. 45 Min. goldbraun braten. Inzwischen die Kartoffeln waschen, schälen, vierteln und in Salzwasser ca. 25 Minuten garen. Dazu servieren.

Nährwerte pro Portion:

445 kcal • **56 g** Eiweiß • **8 g** Fett • **34 g** Kohlenhydrate • **8 g** Ballaststoffe • ca. **3** KHE/BE

Putenkeule aus dem Tontopf

FÜR 2 PERSONEN
1 Puten-Unterkeule (ca. 400 g)
Salz, Pfeffer
1/2 TL edelsüßes Paprikapulver
1 Zwiebel
1-2 Knoblauchzehen
2 große Bund Suppengrün
350 g fest kochende Kartoffeln
1/2 TL getrockneter Thymian
200 ml Hühnerbrühe

ZUBEREITUNG: ca. 20 Min.
GARZEIT: 1 Std.

1. Den Tontopf wässern. Die Putenkeule kurz abbrausen und trockentupfen. Etwas Salz mit Pfeffer und edelsüßen Paprika vermischen und die Keule damit rundum einreiben. Die Zwiebel und den Knoblauch schälen und hacken. Das Suppengrün putzen, waschen und zerkleinern. Die Kartoffeln waschen, schälen und in Würfel schneiden.

2. Suppengrün und Kartoffeln in den abgetropften Tontopf geben. Mit Thymian bestreuen. Putenkeule darauf legen. Brühe zugießen. Topf zudecken. In den kalten Backofen (untere Schiene) stellen. Den Ofen auf 200° (Umluft 180°) schalten. Die Keule zunächst 45 Min. garen. Dann den Deckel abnehmen und das Fleisch weitere 10–15 Min. garen, so dass es leicht braun wird, ab und zu wenden.

3. Die Putenkeule aus dem Topf nehmen. Das Fleisch in Scheiben vom Knochen schneiden. Die Suppengrün-Kartoffel-Mischung mit Salz und Pfeffer würzen. Das Fleisch damit anrichten.

TIPP

Servieren Sie als Vorspeise die Kichererbsencreme (siehe Seite 30) und servieren Sie je 1 Scheibe Vollkorntoast à 30 g dazu. Das entspricht pro Person ca. 2 KHE/BE.

Nährwerte pro Portion:

375 kcal • **31 g** Eiweiß • **6 g** Fett • **25 g** Kohlenhydrate • **4 g** Ballaststoffe • ca. **2,5** KHE/BE

Lasagne

mit Gemüse und Hackfleisch

FÜR 2 PERSONEN
125 g Möhren
1 kleine Stange Lauch (ca. 125 g)
150 g Bleichsellerie
1 Zwiebel
1 Knoblauchzehe
1 kleiner Zweig Rosmarin
4 EL Olivenöl
100 g Rinderhackfleisch
2 EL Tomatenmark
1/4 TL getrockneter Thymian
1/2 TL getrockneter Oregano
Salz, Pfeffer
350 ml Gemüsebrühe
2 1/2 EL Weizen-Vollkornmehl
250 ml fettarme Milch (1,5 % Fett)
50 g geriebener Parmesan
1 Pr. frisch geriebene Muskatnuss
6 Vollkorn-Lasagneblätter (100 g)

ZUBEREITUNG: ca. 45 Min.
BACKZEIT: ca. 30 Min.

1. Die Möhren, den Lauch und den Bleichsellerie putzen, waschen und in kleine Würfel schneiden. Die Zwiebel und den Knoblauch schälen und fein hacken. Den Rosmarin waschen, trockenschütteln, die Nadeln abstreifen und fein hacken.
2. In einem Topf 1 EL Öl erhitzen. Das Hackfleisch ca. 5 Min. darin braun und krümelig braten. Zwiebel, Knoblauch und die Gemüsewürfel dazugeben und 3 Min. mitbraten. Das Tomatenmark unterrühren. Mit Rosmarin, Thymian, Oregano sowie Salz und Pfeffer würzen. 250 ml Brühe zugießen. Hackfleischsauce zugedeckt bei schwacher Hitze ca. 20 Min. köcheln lassen, dabei ab und zu umrühren.
3. Inzwischen für die Béchamelsauce 2 EL Öl in einem Topf erhitzen. Das Mehl kurz darin anschwitzen. Den Topf vom Herd nehmen. Die Milch und die restliche Brühe unterrühren. Sauce unter Rühren wieder erhitzen und ca. 5 Min. kochen lassen. 10 g Parmesan untermischen. Die Béchamelsauce mit Salz, Pfeffer und Muskatnuss würzen und abschmecken.
4. Den Backofen auf 200° vorheizen. Eine kleine flache, feuerfeste Form mit Öl auspinseln. Etwas Hackfleischsauce in die Form geben. Abwechselnd Lasagneblätter, Hackfleischsauce und Béchamelsauce in die Form geben. Mit der Béchamelsauce abschließen. Mit dem restlichen Parmesan bestreuen, 1 EL Öl darüber träufeln. Die Lasagne im Ofen (Mitte, Umluft 180 °) ca. 30 Min. backen.

VARIANTE

Wer lieber eine vegetarische Lasagne möchte, der lässt das Hackfleisch weg und erhöht die Menge an Möhren, Lauch und Bleichsellerie um jeweils 50 g.

Nährwerte pro Portion:

820 kcal • **34 g** Eiweiß • **48 g** Fett • **60 g** Kohlenhydrate • **9 g** Ballaststoffe • ca. **6** KHE/BE

Frikadellen

mit Ofengemüse

FÜR 2 PERSONEN

FÜR DIE FRIKADELLEN

1/2 Bund Petersilie
1 TL eingelegte grüne Pfefferkörner
200 g Rinderhackfleisch
2 EL Magerquark
1 TL mittelscharfer Senf
1/2 TL abgeriebene Zitronenschale
1 Eigelb
Salz

FÜR DAS GEMÜSE

1 EL Olivenöl
400 g Kartoffeln
1 kleine Aubergine (ca. 250 g)
2 Zwiebeln
3 kleine Zweige Rosmarin
4 Stangen Bleichsellerie
100 g kleine Kirschtomaten
80 ml Gemüsebrühe
Pfeffer

ZUBEREITUNG: ca. 1 Std.

1. Für die Frikadellen die Petersilie waschen, trockenschütteln und einige Blättchen beiseite legen, den Rest fein hacken. Die Pfefferkörner grob hacken.
2. Das Hackfleisch mit Quark, Senf, Zitronenschale, gehackter Petersilie, Pfefferkörnern und dem Eigelb vermischen. Mit Salz würzen. Aus dem Hackfleischteig kleine Frikadellen oder Bällchen formen und kalt stellen.
3. Den Backofen auf 200° vorheizen. Eine feuerfeste Form mit Öl auspinseln. Die Kartoffeln schälen und achteln. Die Aubergine waschen, putzen und in dicke Scheiben schneiden. Die Zwiebeln schälen und achteln. Rosmarin waschen und trockenschütteln. Kartoffeln, Aubergine, Zwiebeln und Rosmarin in die Form geben. Im Ofen (Mitte, Umluft 180°) ca. 20 Min. garen.
4. Den Bleichsellerie waschen, putzen und schräg in 3 cm lange Stücke schneiden. Zartes Grün beiseite legen. Kirschtomaten waschen. Mit dem Bleichsellerie und der Brühe zum Gemüse in die Form geben. Das Gemüse gut vermischen. Mit Salz und Pfeffer würzen. 10–15 Min. weitergaren.
5. Inzwischen das restliche Öl in einer beschichteten Pfanne erhitzen. Frikadellen bei mittlerer Hitze pro Seite darin 4–5 Min. goldbraun braten. Das Selleriegrün hacken und unter das Gemüse mischen. Die Frikadellen mit dem Ofengemüse anrichten und mit Petersilie bestreuen.

TIPP

Gönnen Sie sich ganz nach Vorliebe und nach Ihrem individuellen Kohlenhydratbedarf zu diesem Hauptgericht noch eine Vorspeise oder ein Dessert. Zum Beispiel die Rote Grütze mit Joghurtsauce (siehe Seite 112). Das entspricht pro Person 3 KHE/BE.

Nährwerte pro Portion:

445 kcal • **31 g** Eiweiß • **24 g** Fett • **25 g** Kohlenhydrate • **9 g** Ballaststoffe • ca. **2** KHE/BE

Auberginen-Pasta mit Schinken

FÜR 2 PERSONEN

1 Knoblauchzehe
2 Frühlingszwiebeln
2 Salbeiblättchen
2 Zweige Thymian
2 Zweige Oregano
1 Aubergine (ca. 300 g)
2 EL Olivenöl
1 EL Tomatenmark
3 EL Gemüsebrühe
1 TL Zitronensaft
Salz, Pfeffer
40 g roher Schinken
150 g Vollkorn-Rigatoni
25 g geriebener Parmesan

ZUBEREITUNG: ca. 30 Min.

1. Den Knoblauch schälen und fein würfeln. Frühlingszwiebeln waschen, putzen und grob hacken. Kräuter waschen, trockenschütteln und die Blättchen fein hacken. Die Aubergine waschen, putzen und in 1 cm große Würfel schneiden.
2. Das Öl in einer beschichteten Pfanne erhitzen. Die Auberginenwürfel bei mittlerer Hitze rundum 5 Min. darin braten. Knoblauch, Frühlingszwiebeln und Kräuter zugeben, alles 5 Min. weiterbraten. Tomatenmark und Gemüsebrühe zufügen. Mit Zitronensaft, Salz und Pfeffer würzen. Alles bei schwacher Hitze zugedeckt 10 Min. garen. Den Schinken in Streifen schneiden.
3. Inzwischen die Nudeln nach Packungsanleitung in reichlich Salzwasser bissfest garen. Dann abgießen, kurz abtropfen lassen und mit dem Gemüse sowie der Hälfte vom Parmesan locker vermischen. Die Nudeln auf vorgewärmten Tellern anrichten. Mit dem Schinken und dem übrigen Parmesan bestreut servieren.

Nährwerte pro Portion:

500 kcal • **23 g** Eiweiß • **22 g** Fett • **53 g** Kohlenhydrate • **10 g** Ballaststoffe • ca. **5** KHE/BE

Rehmedaillons mit Kräuterkruste

FÜR 2 PERSONEN

1 Päckchen tiefgekühlte gemischte Kräuter (25 g)
2 EL geriebener Parmesan
1 EL Vollkorn-Paniermehl
1 TL Meerrettich
3 EL Olivenöl
je 1 große rote und gelbe Paprikaschote
100 g Champignons
2 Zweige Thymian
1 kleiner Bund Rucola
Salz, Pfeffer
4 Rehmedaillons à 50 g
140 g Vollkorn-Bandnudeln
5 EL Gemüsebrühe

ZUBEREITUNG: ca. 30 Min.

1. Kräuter, Parmesan, Paniermehl, Meerrettich und knapp 1 EL Öl zu einer streichfähigen Paste verrühren, falls nötig noch tropfenweise Wasser zufügen.
2. Die Paprikaschoten putzen, waschen und in kleine Streifen schneiden. Die Pilze putzen und vierteln. Thymian und Rucola waschen und trockenschütteln.
3. Den Backofengrill vorheizen. Medaillons leicht flach drücken und mit Salz und Pfeffer würzen. In einer Pfanne 1 EL Öl erhitzen. Die Medaillons darin auf beiden Seiten jeweils 1–2 Min. braten. Dann mit der Kräuterpaste bestreichen und unterm Grill 5 Min. überbacken. Die Nudeln nach Packungsanleitung in reichlich Salzwasser bissfest garen.
4. Inzwischen das restliche Öl in einer Pfanne erhitzen. Paprikaschoten, Pilze und Thymian darin kurz braten. Brühe zufügen und das Gemüse zugedeckt dünsten, bis die Paprikastreifen bissfest sind. Vom Herd nehmen und den Rucola untermischen. Gemüse mit Salz und Pfeffer würzen und abschmecken. Die Nudeln abgießen und gut abtropfen lassen Die Medaillons mit dem Gemüse und den Nudeln anrichten.

VARIANTE

Die Rehmedaillons durch Medaillons vom Schwein oder Rind ersetzen.

Nährwerte pro Portion:

615 kcal • **41 g** Eiweiß • **24 g** Fett • **58 g** Kohlenhydrate • **13 g** Ballaststoffe • ca. **6** KHE/BE

Würziger Lammpilaw

FÜR 2 PERSONEN
100 g Basmati-Naturreis
300 g Lammfleisch (aus der Keule)
1 Zwiebel
250 g Tomaten
1 1/2 EL Rapsöl
Salz, Pfeffer
1/2 TL gemahlener Kreuzkümmel
1 Msp. gemahlener Koriander
250 ml Gemüsebrühe
1 Nelke
1/2 Lorbeerblatt
1 Stück Zimtstange (ca. 4 cm lang)
1 EL Mandelstifte
1/2 unbehandelte Salatgurke
2 Frühlingszwiebeln
150 g Joghurt (3,5 % Fett)
1/2 TL Zitronensaft

ZUBEREITUNG: ca. 45 Min.
GARZEIT: ca. 1 Std.

1. Den Reis in eine Schüssel geben, mit Wasser bedecken und ca. 15 Min. einweichen. Lammfleisch von Fett und Sehnen befreien und in 2 cm große Würfel schneiden. Die Zwiebel schälen und fein hacken. Tomaten kurz überbrühen, häuten, würfeln.

2. In einer Kasserolle 1 EL Öl erhitzen. Das Fleisch ca. 5 Min. darin rundum anbraten. Zwiebel zugeben und 2 Min. mitbraten. Mit Salz, Pfeffer, Kreuzkümmel und Koriander würzen. Tomaten untermischen. Das Fleisch bei ausgeschalteter Herdplatte ca. 10 Minuten ziehen lassen. Reis abgießen und abtropfen lassen.

3. Den Backofen auf 175° vorheizen. Den Reis und die Brühe zum Fleisch geben. Nelke, Lorbeerblatt und Zimtstange hinzufügen und alles gut vermischen. Im Ofen (Mitte, Umluft 150°) zugedeckt ca. 1 Std. garen. Mandelstifte in einer beschichteten Pfanne ohne Fett kurz rösten.

4. Gurke putzen, waschen und in 1/2 cm große Würfel schneiden. Frühlingszwiebeln putzen, waschen und in feine Scheiben schneiden. Joghurt mit 1/2 EL Öl und dem Zitronensaft verrühren, Gurke und Frühlingszwiebeln daunter mischen. Mit Salz und Pfeffer würzen und kräftig abschmecken. Den Pilaw mit den Mandelstiften bestreuen. Den Gurkensalat dazu servieren.

TIPP

Es lohnt sich gleich die doppelte Menge zuzubereiten. Den restlichen Pilaw tiefkühlen oder am nächsten Tag nochmals kurz erwärmen.

VARIANTE

Statt Lammfleisch mageres Puten- oder Hähnchenfleisch verwenden. In diesem Fall ist der Pilaw bereits schon nach 45 Min. Garzeit fertig.

Nährwerte pro Portion:
725 kcal • **37 g** Eiweiß • **43 g** Fett • **48 g** Kohlenhydrate • **3 g** Ballaststoffe • ca. **4,5** KHE/BE

Pfannkuchen

mit Zwetschgenkompott

FÜR 2 PERSONEN ALS SÜSSES HAUPTGERICHT
FÜR 4 PERSONEN ALS DESSERT

FÜR DIE PFANNKUCHEN

50 g Dinkel-Vollkornmehl
125 ml fettarme Milch (1,5 % Fett)
1 Ei (Größe M)
Salz
1 EL Rapsöl

FÜR DAS ZWETSCHGEN-KOMPOTT

250 g Zwetschgen
4 EL trockener Rotwein (ersatzweise roter Traubensaft)
1 EL Zucker
1 Msp. gemahlener Zimt
1 Nelke
1 kleines Stück unbehandelte Zitronenschale
2 Kugeln Diabetiker-Vanilleeis

ZUBEREITUNG: ca. 15 Min.
QUELLZEIT: ca. 30 Min.

1. Das Mehl, die Milch, das Ei und 1 Prise Salz zu einem Pfannkuchenteig verrühren. Im Kühlschrank 30 Min. quellen lassen.
2. Die Zwetschgen waschen, halbieren und entsteinen. Rotwein und Zucker in einem Topf verrühren. Mit Zimt, Nelke und Zitronenschale würzen.
3. Den Rotweinsud erhitzen. Die Zwetschgen zufügen und zugedeckt ca. 5 Min. darin dünsten. Dann mit einem Schaumlöffel herausnehmen und den Sud ohne Deckel ca. 5 Min. einköcheln lassen, bis nur 3 EL Flüssigkeit übrig bleiben.
4. Pfannkuchenteig umrühren. Das Öl in einer beschichteten Pfanne erhitzen. Nacheinander zwei Pfannkuchen backen.
5. Die Nelke und die Zitronenschale aus dem Rotweinsud entfernen. Die Pfannkuchen mit den Zwetschgen füllen und halbieren. Mit dem Eis anrichten und mit dem Rotweinsud beträufeln.

TIPP

Die Dinkelpfannkuchen schmecken als Dessert oder als süßes Hauptgericht nach einer kräftigen Suppe oder einem knackigen Salat.

VARIANTE

Zur Abwechslung die Pfannkuchen mit Kirschen füllen. Falls es weder frische Zwetschgen noch Kirschen gibt, auf tiefgefrorene Früchte zurückgreifen oder Obst aus dem Glas (mit Süßstoff) nehmen. In letzterem Fall einfach das Obst nur abtropfen und den Rotweinsud sofort einköcheln lassen.

Nährwerte pro Portion bei 2 Portionen:

365 kcal • **23 g** Eiweiß • **14 g** Fett • **44 g** Kohlenhydrate • **4 g** Ballaststoffe • ca. **4** KHE/BE

Rote Grütze mit Joghurtsauce

FÜR 2 PERSONEN

FÜR DIE GRÜTZE

250 g Beerenobst (z.B. Himbeeren, Johannisbeeren und Erdbeeren)
125 ml roter Traubensaft (ohne Zuckerzusatz)
1/4 TL Agar Agar
1 TL Zitronensaft
1 EL Zucker

FÜR DIE SAUCE

150 g Joghurt (3,5 % Fett)
abgeriebene Schale von 1/4 unbehandelten Zitrone
20 Tropfen Flüssigsüßstoff
2 TL Haferkleie

ZUBEREITUNG: ca. 15 Min.
KÜHLZEIT: ca. 5 Std.

1. Beeren verlesen, waschen und abtropfen lassen. Einige schöne Beeren für die Garnitur beiseite legen. 2 EL Traubensaft mit Agar Agar verrühren. Restlichen Saft mit dem Zitronensaft und dem Zucker zum Kochen bringen. Agar Agar unterrühren und den Saft einmal aufkochen lassen. Beeren zugeben und alles erneut aufkochen lassen.
2. Beeren im Topf auf der ausgeschalteten Herdplatte 2 Min. ziehen lassen. Dann in Portionsformen oder Tassen verteilen und ca. 5 Std. kühl stellen, bis die Grütze fest ist.
3. Für die Sauce den Joghurt mit der Zitronenschale, dem Süßstoff und der Haferkleie gut verrühren. Auf Tellern verteilen und die Grütze darauf stürzen. Mit den beiseite gelegten Beeren garniert servieren.

TIPP

Wenn frische Beeren gerade keine Saison haben, auf tiefgekühlte gemischte Beeren zurückgreifen.

Nährwerte pro Portion:

165 kcal • **4 g** Eiweiß • **3 g** Fett • **30 g** Kohlenhydrate • **4 g** Ballaststoffe • ca. **3** KHE/BE

Marinierte Pfirsiche unter der Quarkhaube

FÜR 2 PERSONEN

250 g Pfirsiche
1 EL Zitronensaft
1 EL Zucker
1 Msp. gemahlener Kardamom
1 EL weißer Rum (ersatzweise Orangensaft)
4 EL frisch gepresster Orangensaft
250 g Magerquark
1 Msp. gemahlene Vanille
1/2 TL Flüssigsüßstoff
1 EL Mandelstifte
10 g Bitterschokolade (mindestens 70% Kakaoanteil)

ZUBEREITUNG: ca. 15 Min.

1. Die Pfirsiche waschen, halbieren und entsteinen. Die Hälften vierteln und mit dem Zitronensaft beträufeln. Zucker und Kardamom darüber streuen. Rum und Orangensaft verrühren und die Pfirsiche damit marinieren.
2. Den Quark cremig rühren. Mit Vanille und Süßstoff abschmecken. Die Mandelstifte in einer beschichteten Pfanne ohne Fett kurz rösten, dann abkühlen lassen. Schokolade grob raspeln.
3. Pfirsiche in Gläsern verteilen. Quarkcreme darauf geben. Mit Mandelstiften und Schokoladenraspel bestreut servieren.

TIPP

Wenn es gerade keine frischen Pfirsiche zu kaufen gibt, ersatzweise Pfirsiche oder Aprikosen aus dem Glas (mit Süßstoff) verwenden. Die Früchte abtropfen lassen und nicht mehr zuckern.

Nährwerte pro Portion:

260 kcal • **19 g** Eiweiß • **5 g** Fett • **32 g** Kohlenhydrate • **2 g** Ballaststoffe • ca. **3** KHE/BE

Kirsch-Pumpernickel-Becher

FÜR 2 PERSONEN

1 Glas Sauerkirschen (Schattenmorellen mit Süßstoff gesüßt, 185 g Abtropfgewicht)
1 Scheibe Pumpernickel (ersatzweise Schwarzbrot)
1 TL abgeriebene Zitronenschale
1 EL Zitronensaft
250 g Cremequark (0,2 % Fett)
1 TL Fruchtzucker
1 Msp. gemahlene Vanille

ZUBEREITUNG: ca. 20 Min.

1. Die Kirschen gut abtropfen lassen. Den Kirschsaft anderweitig verwenden, z.B. für eine Kirsch-Schorle.

2. Den Pumpernickel mit den Fingerspitzen fein zerbröseln. Mit der Zitronenschale und dem Zitronensaft vermischen. Den Quark mit 1/2–1 TL Fruchtzucker und der Vanille aufschlagen.

3. Von den Kirschen und dem Pumpernickel jeweils etwas zum Garnieren beiseite legen. Den Quark, die restlichen Kirschen und den übrigen Pumpernickel abwechselnd in Gläser schichten. Mit Pumpernickelbröseln und Kirschen garnieren. Bis zum Servieren kühl stellen.

TIPP

Cremequark ist der Oberbegriff für sämige Quarkzubereitungen mit sehr niedrigen Fettgehalten zwischen 0,1 und 0,2 Prozent. Sie finden Cremequark im Kühlregal bei den Milchprodukten.

Nährwerte pro Portion:

210 kcal • **19 g** Eiweiß • **1 g** Fett • **32 g** Kohlenhydrate • **3 g** Ballaststoffe • ca. **3** KHE/BE

Pochierte Schoko-Birnen

FÜR 2 PERSONEN

2 Birnen (möglichst mit roter Schale)
2 TL Zitronensaft
50 g Bitterschokolade (mindestens 70 % Kakaoanteil)
100 g rote Beeren (z.B. Himbeeren, Erdbeeren oder Johannisbeeren)

ZUBEREITUNG: ca. 20 Min.

1. Die Birnen waschen und mitsamt dem Stiel längs halbieren. Vom Kerngehäuse befreien und die Birnenhälften fächerförmig einschneiden.

2. Den Boden einer Pfanne mit Wasser bedecken. Den Zitronensaft darunter rühren. Die Birnenfächer nebeneinander hineinlegen. Das Zitronenwasser aufkochen lassen. Die Birnenhälften 3–5 Min. darin pochieren.

3. Die Schokolade grob hacken und in einer kleinen Schüssel über einem heißen Wasserbad unter Rühren schmelzen lassen.

4. Die Birnenfächer aus dem Sud nehmen, abtropfen lassen und je 2 Fächer auf einen Teller legen. Die flüssige Schokolade in feinen dekorativen Streifen darüber ziehen. Die Beeren verlesen, waschen und abtropfen lassen. Die Birnenfächer mit den Beeren garniert servieren.

Nährwerte pro Portion:

220 kcal • **2 g** Eiweiß • **8 g** Fett • **35 g** Kohlenhydrate • **6 g** Ballaststoffe • ca. **3** KHE/BE

Orientalische Orangen

FÜR 2 PERSONEN

2 Orangen
1 TL Sesamöl (ersatzweise Rapsöl)
1 TL Fruchtzucker
1 Prise gemahlener Zimt
1 Prise gemahlene Nelken (ersatzweise Piment)
1 Msp. gemahlene Vanille
1 Schuss Weißwein (ersatzweise Apfelsaft)
1 EL gehackte Haselnüsse (ersatzweise Pistazien)

ZUBEREITUNG: ca. 20 Min.
MARINIERZEIT: 15 Min.

1. Die Orangen so schälen, dass auch die weiße Haut mitentfernt wird. Dann die Früchte in 1 cm dicke Scheiben schneiden, halbieren, den Saft auffangen.

2. Den Orangensaft mit dem Öl, 1/2 TL Fruchtzucker und den Gewürzen in einem Topf verrühren. Bei schwacher Hitze heiß werden lassen. Gewürzsud vom Herd nehmen. Orangenscheiben zufügen. Zugedeckt ca. 15 Min. darin marinieren, einmal werden.

3. Die Orangenscheiben aus dem Sud nehmen. Auf Tellern oder Schälchen anrichten. Den Wein zum Gewürzsud geben und einmal kurz aufkochen lassen. Mit dem restlichen Fruchtzucker abschmecken. Den Sud etwas abkühlen lassen und über die Orangenscheiben gießen. Mit den Nüssen bestreut servieren.

VARIANTE

Anstelle von Orangen 1 große rosa Grapefruit nehmen. Die Frucht schälen und die Filets aus den Trennhäuten schneiden, dann halbieren, dabei den Saft auffangen.

Nährwerte pro Portion:

120 kcal • **1 g** Eiweiß • **6 g** Fett • **15 g** Kohlenhydrate • **2 g** Ballaststoffe • ca. **1** KHE/BE

Erdbeer-Tofu-Eis

FÜR 2 PERSONEN

300 g Erdbeeren (frisch oder tiefgekühlt)
150 g Tofu
250 ml Kefir
Saft von 1/2 Zitrone
Flüssigsüßstoff
50 g Sahne

ZUBEREITUNG: ca. 20 Min.
GEFRIERZEIT: 3 Std.

1. Tiefgekühlte Erdbeeren antauen lassen. Den Tofu würfeln und mit dem Kefir im Mixer auf der höchsten Stufe kurz durchmixen oder mit dem Stabmixer fein pürieren. Die Masse durch ein Sieb gießen.

2. Frische Erdbeeren waschen und putzen. Frisches oder aufgetautes Beerenobst fein pürieren, unter die Tofu-Kefir-Mischung rühren. Mit dem Zitronensaft und Süßstoff abschmecken. Sahne steif schlagen und unterheben.

3. Die Eismasse in Portionsförmchen füllen und 3 Std. tiefgefrieren oder das Erdbeereis in einer Eismaschine zubereiten. Eis mit einem Eisportionierer zu kleinen Bällchen formen. Am besten mit Erdbeeren garniert servieren.

VARIANTE

Auf diese Weise können Sie auch Himbeer-, Brombeer- oder Heidelbeer-Eis zubereiten. Mit den jeweiligen Früchten garniert servieren.

Nährwerte pro Portion:

260 kcal • **12 g** Eiweiß • **14 g** Fett • **16 g** Kohlenhydrate • **3 g** Ballaststoffe • ca. **1** KHE/BE

Himbeergelee mit Kokos-Sahne

FÜR 2 PERSONEN

300 g tiefgekühlte Himbeeren
2 Blatt weiße Gelatine
100 ml Apfelsaft (ohne Zuckerzusatz)
1 TL Zitronensaft
Flüssigsüßstoff nach Belieben
1 frisches kleines Eiweiß
3 EL Sahne
2 TL Kokosrapel (ersatzweise Kokossirup)
einige Blättchen Zitronenmelisse

ZUBEREITUNG: ca. 20 Min. + Zeit zum Auftauen
GELIERZEIT: ca. 2 Std.

1. Die Himbeeren auftauen lassen. Gelatine 5 Min. in kaltem Wasser einweichen. Die aufgetauten Himbeeren pürieren und durch ein feines Sieb streichen. Das Himbeerpüree mit Apfelsaft auf 300 ml auffüllen.

2. Vom Himbeerpüree 4 EL erhitzen. Die tropfnasse Gelatine unter Rühren darin auflösen und alles unter das restliche Himbeerpüree rühren. Mit Zitronensaft und Süßstoff abschmecken. In Bechergläser oder Dessertschalen geben und ca. 2 Std. kalt stellen.

3. Kurz vor dem Servieren das Eiweiß und die Sahne getrennt steif schlagen. Dann beides vorsichtig miteinander vermischen. Kokosraspel untermischen. Das Himbeergelee mit der Kokos-Sahne und einigen Blättchen Zitronenmelisse garniert servieren.

VARIANTE

Nach diesem Rezept können Sie auch Gelee mit anderem tiefgekühlten Beerenobst zubereiten. Mit steif geschlagener Sahne servieren.

Nährwerte pro Portion:

195 kcal • **6 g** Eiweiß • **11 g** Fett • **14 g** Kohlenhydrate • **8 g** Ballaststoffe • ca. **1** KHE/BE

Joghurt-Orangen-Muffins

FÜR 6 STÜCK

12 Papierbackförmchen
1 Ei (Größe L)
50 g Puderzucker
2 Msp. gemahlene Vanille
abgeriebene Schale und Saft von 1 unbehandelten Orange
2 EL Rapsöl
50 g fettarmer Joghurt (1,5 % Fett)
125 g Weizen-Vollkornmehl
1/2 TL Backpulver
2 EL gemahlene Mandeln
1 EL Joghurt
2 TL gehackte ungesalzene Pistazien

ZUBEREITUNG: ca. 20 Min.
BACKZEIT: ca. 30 Min.

1. Den Backofen auf 175° vorheizen. Je 2 Papierbackförmchen in einander stellen. Das Ei mit dem Puderzucker, der Vanille, der Orangenschale, 4 EL Orangensaft, dem Öl und dem Joghurt schaumig rühren. Das Mehl mit dem Backpulver und den Mandeln mischen, unterheben.

2. Den Teig in die Förmchen füllen. Im Ofen (Mitte, Umluft 160°) ca. 25 Min. backen. Dann abkühlen lassen. Vor dem Servieren den Joghurt glatt rühren. Je einen Klecks auf die Muffins setzen und mit Pistazien bestreuen.

VARIANTE

Die Orange können Sie auch durch 1 kleine unbehandelte Zitrone oder 1 Limette ersetzen. Die Schale abreiben und den Saft auspressen.

Nährwerte pro Stück:

175 kcal • **5 g** Eiweiß • **7 g** Fett • **24 g** Kohlenhydrate • **1 g** Ballaststoffe • ca. **2** KHE/BE

Quarkhörnchen

mit Mohn

FÜR 8 STÜCK

FÜR DEN TEIG

125 g Magerquark
2 EL fettarme Milch (1,5 % Fett)
1 Ei (Größe M)
2 EL Zucker
Salz
4 EL Maiskeimöl
250 g Weizen-Vollkornmehl
3/4 TL Backpulver

FÜR DIE FÜLLUNG

125 g Magerquark
2 EL Mohnsamen
abgeriebene Schale von 1/4 unbehandelten Zitrone
2 Msp. gemahlene Vanille
1/2 TL Flüssigsüßstoff

AUSSERDEM

Mehl für die Arbeitsfläche
1 EL Kondensmilch
20 g gehackte Haselnüsse
1 EL Zucker

ZUBEREITUNG: ca. 20 Min.
RUHEZEIT: 30 Min.
BACKZEIT: 25 Min.

1. Für den Teig den Quark, die Milch, das Ei, den Zucker, 1 Prise Salz und das Öl glatt rühren. Das Mehl mit dem Backpulver vermischen und über die Quarkcreme sieben. Zuerst mit den Knethaken des Handrührergeräts, dann von Hand verkneten. Falls der Teig bröselig ist, einige Tropfen Wasser unterkneten. Den Teig in Frischhaltefolie wickeln und bei Zimmertemperatur ca. 30 Min. ruhen lassen.

2. Für die Füllung den Quark abtropfen lassen. Die Mohnsamen in einem Mörser leicht zerquetschen. Den Quark mit der Zitronenschale und der Vanille cremig rühren. Süßstoff unterrühren.

3. Den Backofen auf 200° vorheizen. Ein Backblech mit Backpapier belegen. Den Teig auf einer bemehlten Arbeitsfläche zu einem Kreis (35 cm O) ausrollen. Den Mohn darauf verteilen, dann den Kreis in Achtel schneiden.

4. Auf jedes Teigachtel ca. 1 TL Quarkcreme geben und verstreichen. Jeweils von der breiten Seite zur Spitze hin aufrollen und zu Hörnchen formen. Haselnüsse und Zucker vermischen. Die Hörnchen mit Kondensmilch bestreichen, mit der Nuss-Mischung bestreuen und auf das Blech setzen. Im Ofen (Mitte, Umluft 180°) ca. 25 Min. backen.

TIPP

Frisch aus dem Ofen schmecken die Quarkhörnchen am besten. Das restliche Gebäck kann sehr gut tiefgekühlt werden. Die Hörnchen unaufgetaut 10 Min. aufbacken, bis sie wieder knusprig sind.

Nährwerte pro Stück:

230 kcal • **10 g** Eiweiß • **9 g** Fett • **27 g** Kohlenhydrate • **5g** Ballaststoffe • ca. **2,5** KHE/BE

Gebackene Äpfel mit Zimt-Streuseln

FÜR 2 PERSONEN

400 g Äpfel (z.B. Boskop)
1 EL Zitronensaft
50 ml Apfelsaft (ohne Zuckerzusatz)
30 g Weizen-Vollkornmehl
25 g weiche Margarine
1 EL gehackte Walnusskerne
1 EL grobe Vollkorn-Haferflocken
1/4 TL gemahlener Zimt
1 Msp. gemahlene Nelken
1 gehäufter EL Zucker

ZUBEREITUNG: ca. 15 Min.
BACKZEIT: ca. 15 Min.

1. Die Äpfel waschen, vierteln und vom Kerngehäuse befreien. Dann mit dem Zitronensaft beträufeln. Apfelsaft aufkochen lassen. Die Äpfel zufügen und zugedeckt ca. 5 Min. darin dünsten.
2. Den Backofen auf 200° vorheizen. Mehl und Margarine verkneten. Walnüsse, Haferflocken, Zimt, Nelken und die Hälfte des Zuckers zugeben, mit den Fingerspitzen zu Streuseln zerkrümeln.
3. Die Äpfel mitsamt dem Saft in eine feuerfeste Form geben. Streusel auf den Früchten verteilen und mit dem restlichen Zucker bestreuen. Im Ofen (Mitte, Umluft 180°) ca. 15 Min. goldbraun backen. Warm servieren.

TIPP

Statt normalem Haushaltszucker nicht raffinierten Rohrzucker verwenden. Sein Geschmack erinnert an Karamell.

Nährwerte pro Portion:

340 kcal • **3 g** Eiweiß • **14 g** Fett • **50 g** Kohlenhydrate • **7 g** Ballaststoffe • ca. **5** KHE/BE

Käsekuchen mit Aprikosen

FÜR 6 STÜCKE

400 g Magerquark
2 Eier (Größe M)
50 g weiche Margarine
abgeriebene Schale von 1/2 unbehandelten Zitrone
2 Msp. gemahlene Vanille
50 g Weizen-Vollkorngrieß
1/2 TL Backpulver
1 TL Flüssigsüßstoff
250 g Aprikosen
1 EL Zitronensaft
Salz
Fett und Semmelbrösel für die Form

ZUBEREITUNG: ca. 20 Min.
BACKZEIT: ca. 45 Min.

1. Den Quark abtropfen lassen. Die Eier trennen. Margarine, Zitronenschale, Vanille und Eigelbe verrühren. Den Grieß und das Backpulver vermischen. Mit dem Quark und dem Süßstoff unter die Eigelbcreme rühren.
2. Backofen auf 200° vorheizen. Eine Springform (18 cm Ø) ausfetten und mit Semmelbröseln ausstreuen. Die Aprikosen waschen, halbieren, entsteinen und mit Zitronensaft beträufeln.
3. Die Eiweiße mit 1 Prise Salz steif schlagen und unter die Quarkcreme heben. Die Masse in die Form füllen. Die Aprikosen darauf verteilen. Im Ofen (Mitte, Umluft 180°) ca. 45 Min. backen. In der Form abkühlen lassen.

TIPP

Wenn frische Aprikosen gerade keine Saison haben, können Sie auf Aprikosen aus dem Glas (mit Süßstoff) zurückgreifen. Die Früchte gut abtropfen lassen.

Nährwerte pro Stück:

220 kcal • **13 g** Eiweiß • **12 g** Fett • **14 g** Kohlenhydrate • **1 g** Ballaststoffe • ca. **1** KHE/BE

Bücher, Adressen und Links, die weiterhelfen

Buchtipps

Casparek, Petra: Backen für Diabetiker, Gräfe und Unzer Verlag, München
Das große GU Koch- und Backbuch für Diabetiker, Gräfe und Unzer Verlag, München
Deutsche Diabetes-Gesellschaft: Gesundheits-Paß Diabetes, Verlag Kirchheim, Mainz
Elmadfa, Prof. Dr. I. et al.: Die große GU Nährwert Kalorien Tabelle (auch mit CD-ROM), Gräfe und Unzer Verlag, München
Fritzsche, Doris: Kompass Diabetes, Gräfe und Unzer Verlag, München
Grillparzer, Marion: GLYX-Kompass, Gräfe und Unzer Verlag, München
Hofele, Karin: Richtig einkaufen bei Diabetes, TRIAS, Stuttgart
Hecker, Wolfgang: Diabetes bei Kindern, TRIAS, Stuttgart
Hirsch, Axel: Mit Diabetes leben lernen. Wege zur seelischen Bewältigung des Diabetes, PAL Verlagsgemeinschaft, Mannheim
Jäckle, Renate: Gut leben mit Typ-1-Diabetes. Arbeitsbuch zur Basis-Bolus-Therapie, Urban & Fischer, München, Jena
Kemmerer, Friedrich W.: Diabetes und Sport ohne Probleme, Verlag Kirchheim, Mainz
Kuhn, Birgit: Diabetes, Schwangerschaft und Kinderglück, Verlag Kirchheim, Mainz
Petzoldt, Rüdiger: Diabetes-Alphabet, Verlag Kirchheim, Mainz
Standl, Prof. Dr. E.: Das große TRIAS-Handbuch für Diabetiker, TRIAS, Stuttgart

Zeitschriften

Diabetes-Journal – Offizielles Organ der Deutschen Diabetes-Gesellschaft, des Deutschen Diabetiker-Bundes und der Deutschen Diabetes-Union, Verlag Kirchheim, Mainz

Verbände

Deutsche Diabetes-Union e.V.
Städtisches Krankenhaus München
III. Medizinische Abteilung
Kölner Platz 1, 80804 München
Tel.: 089 – 30 68 25 23, www.diabetes-union.de
info@diabetes-union.de

Deutscher Diabetiker Bund e.V. (DDB)
Goethestraße 27, 34119 Kassel
Tel.: 0561 – 703 477 0, www.diabetikerbund.de
info@diabetikerbund.de

Deutsche Diabetes-Gesellschaft e.V. (DDG)
Bürkle-de-la-Camp-Platz 1, 44789 Bochum
Tel.: 0234 – 97 88 90
www.deutsche-diabetes-gesellschaft.de
info@ddg.info

Österreichische Diabetiker-Vereinigung
Moosstraße 18, A-5020 Salzburg
Tel.: 004 662 – 82 77 22, www.diabetes.or.at
oedv.office@aon.at

Schweizerische Diabetes-Gesellschaft
Rütistrasse 3a, CH-5400 Baden
Tel.: 0043 56 200 17 90
www.diabetesgesellschaft.ch
sekretariat@diabetesgesellschaft.ch

Diabetesberater

Freiberuflich tätige DiabetesberaterInnen in Ihrer Region finden Sie auf diesen Seiten:
www.fidev.de
www.quetheb.de
ww.vdoe.de

Viele weitere Informationen

Auf folgenden Seiten im Internet finden Sie viele weitere Links und Informationen rund um das Thema Diabetes, unter anderem Kontaktadressen für Selbsthilfegruppen, Diabeteszentren und Diabetes-Schwerpunktpraxen in Ihrer Nähe, neue wissenschaftliche Erkenntnisse, Umrechnungstabellen, Reisetipps und vieles mehr.
www.bund-diabetischer-kinder.de
www.deutsche-diabetes-gesellschaft.de
www.diabetesgesellschaft.ch
www.diabetes-deutschland.de
www.diabetes.or.at
www.diabetikerbund.de

Ebenfalls informativ

www.diabetes.de
www.diabetes-world.net
www.lifescaneurope.com/de/diabetes
www.lilly-pharma.de

Gerichte nach Kapiteln

FRÜHSTÜCK, SNACKS & DRINKS
Müsli mit frischen Früchten 24
Zitrusfrüchte-Müsli 26
Frischkorn-Müsli 26
Apfel-Kokos-Porridge 27
Herzhaftes Hirsemüsli 27
Brötchen mit Basilikum-Tofu 28
Corned Beef-Brot 28
Käse-Aprikosen-Brot 29
Apfel-Quark-Brot 29
Kichererbsencreme mit Sesam 30
Auberginencreme mit Paprika 31
Oliven-Avjar-Aufstrich 31
Zucchini-Kräuter-Rührei 32
Käse-Gemüse-Snack 32
Harzer-Burger 33
Paprika-Schiffchen mit Tsatsiki 33
Schinkenbrötchen und Rettich-Rohkost 34
Matjes-Tatar auf Vollkornbrot 34
Indischer Joghurt-Shake 36
Gemüse-Drink 36
Pfirsiche im Glas 37
Vanille-Ingwer-Tee 37

KLEINE GERICHTE
Bohnensalat mit Thunfisch 38
Chicorée-Trauben-Salat mit Käsesauce 40
Lauwarmer Wirsingsalat 40
Kichererbsen-Salat mit Kräuterdressing 42
Couscous-Salat 42
Orientalischer Möhrensalat 44
Gemüsesalat mit Joghurt 45
Orangensalat mit Zwiebeln 45
Rote Linsensuppe mit Petersilienöl 46
Gersten-Gemüse-Suppe 46
Topinambursuppe 48
Französische Zwiebelsuppe 48
Asia-Gemüsesuppe 50
Schnelle Tomatensuppe 50
Gebratener Radicchio 52
Brokkoli mit Nüssen 52
Mediterranes Gemüse 54
Blumenkohl mit Kräuter-Curry-Sauce 54
Fenchel und Tomaten mit Parmesan 56
Blattspinat mit Sesamsauce 56
Überbackene Aubergine 58
Kohlrabi-Kartoffel-Gratin 58
Käse-Zucchini-Päckchen 60
Pikante Bratäpfel 60

VEGETARISCHE HAUPTGERICHTE
Gemüsereis mit wachsweichen Eiern 62
Spinatknödelchen mit Tomatensauce 64
Hirse mit Ratatouille-Gemüse 64
Spitzkohlrouladen mit Bulgurfüllung 66
Spaghetti mit Kürbiskern-Kräuter-Pesto 68
Cannelloni mit Spinatfüllung 68
Pizza mit Artischocken 70
Wokgemüse mit Glasnudeln 72
Gebratenes Gemüse mit Sabayon 72
Kohlrabi-Quiche 74
Linsen-Reis mit Gemüse 76

HAUPTGERICHTE MIT FISCH
Makrelen aus der Folie 78
Heilbutt mit gerösteten Pilzen 80
Kabeljau mit Lauch und Tomaten 80
Zander in Sesamkruste 82
Rotbarsch mit Oliven-Kapern-Sauce 84
Fischspieße mit Zitronensauce 84
Schellfisch-Ragout 86
Paprika-Graupen mit Garnelen 88
Seelachsfilet mit Gemüse-Kräuter-Kruste 88
Lachs auf Waldorf-Gemüse 90
Barsch-Gemüse-Pfanne 92
Fisch-Ossobuco 92

HAUPTGERICHTE MIT GEFLÜGEL
Kreolischer Hähnchentopf 94
Gefüllte Putenröllchen 96
Puten-Geschnetzeltes mit Curry 96
Hähnchenbrust mit Ananas 98
Entenbrust mit Brokkoli und Nüssen 98
Zitronen-Hähnchen 100
Putenkeule aus dem Tontopf 100

HAUPTGERICHTE MIT FLEISCH
Lasagne mit Gemüse und Hackfleisch 102
Frikadellen mit Ofengemüse 104
Auberginen-Pasta mit Schinken 106
Rehmedaillons mit Kräuterkruste 106
Würziger Lammpilaw 108

DESSERTS & GEBACKENES
Pfannkuchen mit Zwetschgenkompott 110
Rote Grütze mit Joghurtsauce 112
Marinierte Pfirsiche unter der Quarkhaube 112
Kirsch-Pumpernickel-Becher 114
Pochierte Schoko-Birnen 114
Orientalische Orangen 116
Erdbeer-Tofu-Eis 116
Himbeergelee mit Kokos-Sahne 118
Joghurt-Orangen-Muffins 118
Quarkhörnchen mit Mohn 120
Gebackene Äpfel mit Zimt-Streuseln 122
Käsekuchen mit Aprikosen 122

Rezeptregister von A bis Z

Äpfel
Apfel-Kokos-Porridge 27
Apfel-Quark-Brot 29
Herzhaftes Hirsemüsli 27
Lachs auf Waldorf-Gemüse 90
Pikante Bratäpfel 60
Asia-Gemüsesuppe 50
Auberginen
Auberginencreme mit Paprika 31
Auberginen-Pasta mit Schinken 106
Frikadellen mit Ofengemüse 104
Hirse mit Ratatouille-Gemüse 64
Überbackene Aubergine 58
Aufstriche
Auberginencreme mit Paprika 31
Kichererbsencreme mit Sesam 30
Oliven-Ajvar-Aufstrich

Barsch-Gemüse-Pfanne 92
Beerenobst
Erdbeer-Tofu-Eis 116
Himbeergelee mit Kokos-Sahne 118
Müsli mit frischen Früchten 24
Pochierte Schoko-Birnen 114
Rote Grütze mit Joghurtsauce 112
Blattspinat mit Sesamsauce 56
Blumenkohl
Blumenkohl mit Kräuter-Curry-Sauce 54
Linsen-Reis mit Gemüse 76
Bohnensalat mit Thunfisch 38
Brokkoli
Brokkoli mit Nüssen 52
Entenbrust mit Brokkoli und Nüssen 98
Fischspieße mit Zitronensauce 84
Gebratenes Gemüse mit Sabayon 72
Brote und Brötchen
Apfel-Quark-Brot 29
Brötchen mit Basilikum-Tofu 28
Corned Beef-Brot 28
Harzer-Burger 33
Käse-Aprikosen-Brot 29
Matjes-Tatar auf Vollkornbrot
Schinkenbrötchen und Rettich-Rohkost 34

Cannelloni mit Spinatfüllung 68
Chicorée-Trauben-Salat mit Käsesauce 40
Corned Beef-Brot 28
Couscous-Salat 42

Desserts
Erdbeer-Tofu-Eis 116
Himbeergelee mit Kokos-Sahne 118
Kirsch-Pumpernickel-Becher 114
Marinierte Pfirsiche unter der Quarkhaube 112
Orientalische Orangen 116
Pfannkuchen mit Zwetschgenkompott 110
Pochierte Schoko-Birnen 114
Rote Grütze mit Joghurtsauce 112
Drinks
Gemüse-Drink 36
Indischer Joghurt-Shake 36
Pfirsiche im Glas 37
Vanille-Ingwer-Tee 37

Entenbrust mit Brokkoli und Nüssen 98
Erdbeer-Tofu-Eis 116

Fenchel
Makrelen aus der Folie 78
Mediterranes Gemüse 54
Harzer-Burger 33
Fenchel und Tomaten mit Parmesan 56
Fisch-Ossobuco 92
Fischspieße mit Zitronensauce 84
Französische Zwiebelsuppe 48
Frikadellen mit Ofengemüse 104

Gebäck
Gebackene Äpfel mit Zimt-Streuseln 122
Joghurt-Orangen-Muffins 118
Käsekuchen mit Aprikosen 122
Quarkhörnchen mit Mohn 120
Gebratener Radicchio 52
Gebratenes Gemüse mit Sabayon 72
Gefüllte Putenröllchen 96
Gemüse-Drink 36
Gemüsereis mit wachsweichen Eiern 62
Gemüsesalat mit Joghurt 45
Gersten-Gemüse-Suppe 46

Hähnchenbrust mit Ananas 98
Harzer-Burger 33
Heilbutt mit gerösteten Pilzen 80
Herzhaftes Hirsemüsli 27
Himbeergelee mit Kokos-Sahne 118
Hirse mit Ratatouille-Gemüse 64

Indischer Joghurt-Shake 36

Joghurt-Orangen-Muffins 118

Kabeljau mit Lauch und Tomaten 80
Kartoffeln
Frikadellen mit Ofengemüse 104
Gebratenes Gemüse mit Sabayon 72
Kohlrabi-Kartoffel-Gratin 58
Kohlrabi-Quiche 74
Kreolischer Hähnchentopf 94
Lachs auf Waldorf-Gemüse 90
Putenkeule aus dem Tontopf 100
Käse
Auberginen-Pasta mit Schinken 106
Fenchel und Tomaten mit Parmesan 56
Käse-Gemüse-Snack 32
Käse-Zucchini-Päckchen 60
Französische Zwiebelsuppe 48
Gebratener Radicchio 52
Kohlrabi-Quiche 74
Lasagne mit Gemüse und Hackfleisch 102
Pizza mit Artischocken 70
Seelachsfilet mit Gemüse-Käse-Kruste 88
Überbackene Aubergine 58
Käse-Aprikosen-Brot 29
Käse-Gemüse-Snack 32
Käsekuchen mit Aprikosen 122
Käse-Zucchini-Päckchen 60
Kichererbsencreme mit Sesam 30
Kichererbsen-Salat mit Kräuterdressing 42
Kirsch-Pumpernickel-Becher 114

Kohlrabi-Kartoffel-Gratin 58
Kohlrabi-Quiche 74
Kreolischer Hähnchentopf 94

Lachs auf Waldorf-Gemüse 90
Lasagne mit Gemüse und Hackfleisch 102
Lauwarmer Wirsingsalat 40
Linsen-Reis mit Gemüse 76

Makrelen aus der Folie 78
Marinierte Pfirsiche unter der Quarkhaube 112
Matjes-Tatar auf Vollkornbrot 34
Mediterranes Gemüse 54
Möhren
- Couscous-Salat 42
- Gebratenes Gemüse mit Sabayon 72
- Gemüsereis mit wachsweichen Eiern 62
- Herzhaftes Hirsemüsli 27
- Makrelen aus der Folie 78
- Orientalischer Möhrensalat 44
- Putenkeule aus dem Tontopf 100
- Topinambursuppe 48

Müsli
- Frischkorn-Müsli 26
- Herzhaftes Hirsemüsli 27
- Müsli mit frischen Früchten 24
- Zitrusfrüchte-Müsli 26

Oliven-Avjar-Aufstrich 31
Orangen
- Joghurt-Orangen-Muffins 118
- Orangensalat mit Zwiebeln 45
- Orientalische Orangen 116
- Schellfisch-Ragout 86

Orientalischer Möhrensalat 44

Paprika
- Auberginencreme mit Paprika 31
- Barsch-Gemüse-Pfanne 92
- Hähnchenbrust mit Ananas 98
- Harzer-Burger 33
- Hirse mit Ratatouille-Gemüse 64
- Kreolischer Hähnchentopf 94
- Lauwarmer Wirsingsalat 40
- Mediterranes Gemüse 54
- Paprika-Graupen mit Garnelen 88
- Paprika-Schiffchen mit Tsatsiki 33
- Schellfisch-Ragout 86
- Wokgemüse mit Glasnudeln 72

Pfannkuchen mit Zwetschgenkompott 110
Pfirsiche im Glas 37
Pikante Bratäpfel 60
Pilze
- Gebratenes Gemüse mit Sabayon 72
- Heilbutt mit gerösteten Pilzen 80
- Makrelen aus der Folie 78
- Rehmedaillons mit Kräuterkruste 106

Pizza mit Artischocken 70
Pochierte Schoko-Birnen 114
Puten-Geschnetzeltes mit Curry 96
Putenkeule aus dem Tontopf 100

Quarkhörnchen mit Mohn 120

Rehmedaillons mit Kräuterkruste 106
Reis
- Gemüsereis mit wachsweichen Eiern 62
- Linsen-Reis mit Gemüse 76
- Würziger Lammpilaw 108

Rotbarsch mit Oliven-Kapern-Sauce 84
Rote Grütze mit Joghurtsauce 112
Rote Linsensuppe mit Petersilienöl 46

Salate
- Bohnensalat mit Thunfisch 38
- Chicorée-Trauben-Salat mit Käsesauce 40
- Couscous-Salat 42
- Gemüsesalat mit Joghurt 45
- Kichererbsen-Salat mit Kräuterdressing 42
- Lauwarmer Wirsingsalat 40
- Orangensalat mit Zwiebeln 45
- Orientalischer Möhrensalat 44

Schellfisch-Ragout 86
Schinkenbrötchen und Rettich-Rohkost 34
Schnelle Tomatensuppe 50
Seelachsfilet mit Gemüse-Kräuter-Kruste 88
Spaghetti mit Kürbiskern-Kräuter-Pesto 68
Spinat
- Blattspinat mit Sesamsauce 58
- Cannelloni mit Spinatfüllung 68
- Spinatknödelchen mit Tomatensauce 64

Spitzkohlrouladen mit Bulgurfüllung 66
Suppen
- Asia-Gemüsesuppe 50
- Französische Zwiebelsuppe 48
- Gersten-Gemüse-Suppe 46
- Rote Linsensuppe mit Petersilienöl 46
- Schnelle Tomatensuppe 50
- Topinambursuppe 48

Teigwaren
- Auberginen-Pasta mit Schinken 106
- Cannelloni mit Spinatfüllung 68
- Lasagne mit Gemüse und Hackfleisch 102
- Rotbarsch mit Oliven-Kapern-Sauce 84
- Spaghetti mit Kürbiskern-Kräuter-Pesto 68

Tomaten
- Brötchen mit Basilikum-Tofu 28
- Cannelloni mit Spinatfüllung 68
- Couscous-Salat 42
- Fenchel und Tomaten mit Parmesan 56
- Frikadellen mit Ofengemüse 104
- Gefüllte Putenröllchen 96
- Kabeljau mit Lauch und Tomaten 80
- Käse-Gemüse-Snack 32
- Kichererbsen-Salat mit Kräuterdressing 42
- Pizza mit Artischocken 70
- Schnelle Tomatensuppe 50
- Spinatknödelchen mit Tomatensauce 64
- Würziger Lammpilaw 108

Topinambursuppe 48

Überbackene Aubergine 58

Vanille-Ingwer-Tee 37

Wokgemüse mit Glasnudeln 72
Würziger Lammpilaw 108

Zander in Sesamkruste 82
Zitronen-Hähnchen 100
Zucchini
- Barsch-Gemüse-Pfanne 92
- Hirse mit Ratatouille-Gemüse 64
- Gemüsesalat mit Joghurt 45
- Käse-Zucchini-Päckchen 60
- Kreolischer Hähnchentopf 94
- Seelachsfilet mit Gemüse-Käse-Kruste 88
- Zucchini-Kräuter-Rührei 32

Projektleitung: Anne Taeschner
Lektorat: Heike Knophius
Korrektorat: Hildegard Toma
Umschlaggestaltung: Independent Medien Design
Fotografie: Studio L'EVEQUE, München
Produktion: Petra Roth
Satz: Johannes Kojer, München
Reproduktion: Penta Repro, München
Druck und Bindung: Printer, Trento

Bildnachweis:
Titelbild, S. 4/5, S. 22/23: Jörn Rynio, Hamburg; alle anderen Studio L'EVEQUE, München

Syndication:
www.jalag-syndicaion.de

ISBN 978-3-7742-6650-6

6. Auflage 2010

Studio L'EVEQUE
Food Fotografie
Harry Bischof und Tanja Major (Food & Styling) arbeiten schon lange intensiv für Werbung, Bücher und Zeitschriften im Foodbereich. In ihrem Studio assistieren Krisztina Babics und Hannelore Bellini. In der Innenstadt Münchens kreiert das 4-köpfige Team Foodaufnahmen mit erfrischendem Licht und appetitanregendem, trendigem Styling.

Titelbild: Schweine-Medaillons mit Kräuterkruste – Variante, S. 106

Die Anregungen in diesem Buch stellen die Meinung beziehungsweise die Erfahrungen der Autorinnen dar und wurden von ihnen nach bestem Wissen und Gewissen erstellt. Sie bieten jedoch keinen Ersatz für kompetenten medizinischen Rat. Jede Leserin, jeder Leser sollte für das eigene Tun auch weiterhin selbst verantwortlich sein. Weder die Autorinnen noch der Verlag können für eventuelle Nachteile oder Schäden, die aus den im Buch gegebenen praktischen Hinweisen resultieren, eine Haftung übernehmen.

Geschützte Warennamen (Warenzeichen) sind nicht immer gekennzeichnet. Aus der fehlenden Angabe kann nicht geschlossen werden, dass es sich um freie Warennamen handelt.

DAS ORIGINAL GU MIT GARANTIE

Unsere Garantie

Alle Informationen in diesem Ratgeber sind sorgfältig und gewissenhaft geprüft. Sollte dennoch einmal ein Fehler enthalten sein, schicken Sie uns das Buch mit dem entsprechenden Hinweis an unseren Leserservice zurück. Wir tauschen Ihnen den GU-Ratgeber gegen einen anderen zum gleichen oder ähnlichen Thema um.

Liebe Leserin und lieber Leser,

wir freuen uns, dass Sie sich für ein GU-Buch entschieden haben. Mit Ihrem Kauf setzen Sie auf die Qualität, Kompetenz und Aktualität unserer Ratgeber. Dafür sagen wir Danke! Wir wollen als führender Ratgeberverlag noch besser werden. Daher ist uns Ihre Meinung wichtig. Bitte senden Sie uns Ihre Anregungen, Ihre Kritik oder Ihr Lob zu unseren Büchern. Haben Sie Fragen oder benötigen Sie weiteren Rat zum Thema? Wir freuen uns auf Ihre Nachricht!

Wir sind für Sie da!
Montag – Donnerstag: 8.00 – 18.00 Uhr;
Freitag: 8.00 – 16.00 Uhr
Tel.: 0180 - 5 00 50 54*
Fax: 0180 - 5 01 20 54*
E-Mail:
leserservice@graefe-und-unzer.de

*(0,14 €/Min. aus dem dt. Festnetz/ Mobilfunkpreise können abweichen.)

P.S.: Wollen Sie noch mehr Aktuelles von GU wissen, dann abonnieren Sie doch unseren kostenlosen GU-Online-Newsletter und/oder unsere kostenlosen Kundenmagazine.

GRÄFE UND UNZER VERLAG
Leserservice
Postfach 86 03 13
81630 München

GRÄFE UND UNZER
Ein Unternehmen der
GANSKE VERLAGSGRUPPE